Mercedes Blanchard Giménez
Estíbaliz Muzás Rubio

Assédio na escola

Desenvolvimento, prevenção e ferramentas de trabalho

(para o Ensino Fundamental II)

Dados Internacionais de Catalogação na Publicação (CIP)
(Câmara Brasileira do Livro, SP, Brasil)

Blanchard Giménez, Mercedes
　　Assédio na escola : desenvolvimento, prevenção e ferramentas de trabalho : (para Ensino Fundamental II) / Mercedes Blanchard Giménez, Estíbaliz Muzás Rubio ; [tradução Antonio Efro Feltrin]. – São Paulo : Paulinas, 2011.

　　ISBN 978-85-277-1556-1 (ed. original)
　　ISBN 978-85-356-2883-8
　　Bibliografia

　　1. Administração de conflitos　2. Adolescentes - Educação　3. Bullying　4. Conflito interpessoal　5. Crianças - Educação　6. Pedagogia　7. Professores - Formação profissional　8. Psicologia educacional　9. Relações internacionais　10. Violência nas escolas　I. Muzás Rubio, Estíbaliz.　II. Título.

11-09395　　　　　　　　　　　　　　　　　　CDD-370.151

Índices para catálogo sistemático:
　1. Assédio na escola : Psicologia educacional　　370.151
　2. Conflitos nas escolas : Psicologia educacional　　370.151

Título original da obra: *Acoso escolar – Desarrollo, prevención y herramientas de trabajo.*
© Narcea, S. A. de Ediciones, Madrid, 2007.

1ª edição – 2011

Direção-geral: *Bernadete Boff*
Editora responsável: *Maria Alexandre de Oliveira*
Assistente de edição: *Rosane Aparecida da Silva*
Tradução: *Antonio Efro Feltrim*
Copidesque: *Ana Cecilia Mari*
Coordenação de revisão: *Marina Mendonça*
Revisão: *Ruth Mitzuie Kluska e Sandra Sinzato*
Gerente de produção: *Felício Calegaro Neto*
Projeto gráfico: *Wilson Teodoro Garcia*

Nenhuma parte desta obra poderá ser reproduzida ou transmitida por qualquer forma e/ou quaisquer meios (eletrônico ou mecânico, incluindo fotocópia e gravação) ou arquivada em qualquer sistema ou banco de dados sem permissão escrita da Editora. Direitos reservados.

Paulinas
Rua Dona Inácia Uchoa, 62
04110-020 – São Paulo – SP (Brasil)
Tel.: (11) 2125-3500
http://www.paulinas.org.br
editora@paulinas.com.br
Telemarketing e SAC: 0800-7010081
© Pia Sociedade Filhas de São Paulo – São Paulo, 2011

Sumário

Introdução 5

I
CONTEXTO DO CONFLITO

Descrição do problema 9
    Segundo alguns dados 9
    Definição e explicações do assédio na escola 10

Quem intervém no assédio na escola 15
    Perfil do agressor 15
    Perfil da vítima 15
    Observadores ou espectadores 16
    Professores 16

Indícios do problema 18
    Atuação da família 18
    Atuação da escola 20

Consequências 24

II
ESTRATÉGIAS PREVENTIVAS

Materiais para a aula 27
    Plano de Acolhida dos alunos 28
    Unidade de acolhida e avaliação inicial 32
    Acompanhamento dos alunos 45
    Plano de Ação Escolar 49
    Entrevistas 60
    Plano de Atenção à Diversidade 64
    Plano de convivência 65

III
QUANDO O CONFLITO APARECE

Diante da ruptura das relações 69
    Reconhecer o ciclo do conflito 69
    Observação do comportamento dos professores 70
    Recursos e protocolos quando se detecta o assédio 74
    Guias para a intervenção 77
    Análise de casos de assédio e estratégias de intervenção 79
    Normas para a equipe docente 83

Bibliografia 85

Introdução

Um tema prioritário na escola atual é o da *convivência no espaço escolar, incluindo a sala de aula*. A situação social está cada vez mais comprometida; os meios de comunicação, excessivamente unilaterais, refletem os eventos de uma sociedade violenta, e a falta de modelos e de referenciais adultos, próximos a uma população mais sensível e vulnerável, fazem com que a escola – lugar de acolhida e de encontro das idades mais sensíveis e vulneráveis a esta problemática – registre um nível significativo de conflitos.

A escola, que sempre teve seus objetivos mais centrados no acadêmico, reconhece que tem um papel importante nas *relações interpessoais* e na *construção da autoestima*, aspectos--chave no desenvolvimento e crescimento da pessoa, até porque são temas plenamente educativos.

Esses temas, quando apresentados, causam impactos que ainda não foram vivenciados, e isto gera nos professores certa ansiedade na busca de respostas, reivindicando em muitos momentos "receitas" de aplicação instantânea. No entanto, se quisermos ter respostas efetivamente educativas, devemos refletir sobre contextos mais amplos, desde as abordagens sistêmicas, que situem esses assuntos "na relação" de forma ampla e contextualizada, e a partir de paradigmas que não se limitem à intervenção pontual "estímulo-resposta", mas que ajudem a centralizar a intervenção educativa num enfoque de processo aberto, comunicativo e integrador.

Junto à resposta que a sociedade e a família devem oferecer, reconhecemos que a escola é um espaço em que tais temas devem ser trabalhados de forma sistemática. Não se trata de incluí-los nos currículos como conteúdos, nem tampouco nos temas transversais, mas como uma abordagem em toda a ação educativa.

No entanto, se sempre foi necessário trabalhar sistematicamente o tema no contexto da escola, agora, mais do que nunca, é urgente realizá-lo de forma coordenada. A primeira coordenação, e sobre a qual a escola tem mais possibilidades de ação, é a dos *professores*, naqueles aspectos que têm a ver com o crescimento pessoal, e que são fundamentais para o aluno. Essa ação não se circunscreve a um momento específico, mas acontece em todas as disciplinas e nas tarefas que os professores desenvolvem com seus alunos.

O crescimento pessoal é a maior necessidade dos alunos. Está provado que é através das relações bem constituídas que se realizam as aprendizagens tanto de conhecimentos como de atitudes. Portanto, é de suma importância que a escola focalize sua atenção neste objeto, como requisito fundamental e básico para que se dê o crescimento pessoal e a aprendizagem.

Em primeiro lugar, é importante um *olhar cuidadoso para a realidade* na qual os alunos crescem, uma vez que estão vivendo num mundo muito diferente do nosso. Nós – professores na ativa – temos que educá-los para que amadureçam e se integrem em seu mundo, não no nosso. Eles não são a continuação do que somos, ainda que sejamos seu padrão referencial.

Estamos diante de uma *sociedade em transformação* que nos obriga a entrar *num novo conceito de educação* que responda às características de uma sociedade dinâmica e em mudança; uma educação que não se limita à transmissão de conhecimentos de fácil alcance e com data de validade próxima, mas, como diz o Relatório Delors,* uma educação que ofereça cartas náuticas, bússolas para navegar num mundo em perpétua agitação, uma educação que oriente durante a jornada que se constrói enquanto se caminha não solitariamente, mas em colaboração com o grupo.

Como consequência disso, o modelo educativo também está em mudança, em que as relações, a interação entre professor-aluno e dos alunos entre si ocupam um lugar prioritário. Embora não possamos nem devamos substituir a *família*, em muitas ocasiões, a escola se transformou num referencial importante, e os professores num referencial quase único. A família deve ter consciência de suas obrigações e se situar educativamente diante de seus filhos, porque os professores não podem substituí-la. Podemos, sim, colaborar, estar perto, coordenar nossas ações e ajudar-nos mutuamente nessa estratégia educativa.

Não podemos esquecer que, em relação ao *assédio escolar*, a escola tem um papel significativo, sendo uma de suas funções colocar em movimento todos os mecanismos necessários para erradicar qualquer tipo de comportamento violento. A função consistirá em trabalhar este aspecto tanto a partir de uma primeira prevenção, a fim de que o problema não apareça; como de uma segunda prevenção, para que, no caso de se ter iniciado, desapareça o mais cedo possível. Em ambos os casos, o papel do educador será o de manter uma relação profissional de mediação tanto com os pais quanto com os alunos, oferecendo ajuda qualificada e tornando possível o crescimento pessoal do educando.

Neste livro, trata-se o tema do assédio na escola a partir de diferentes vertentes:

- Começa apresentando o panorama a partir de dados observados: o que é, como se manifesta, quem sofre, quem pratica ou quem permite o assédio com uma atitude passiva.

- Porém, o que fazer com as situações de assédio que acontece no âmbito escolar? Antes de tudo, procurar preveni-lo. Essa tarefa compete a toda a comunidade educativa, em especial aos professores e aos educadores nos cargos de coordenação e orientação, em uma ação coordenada. O livro apresenta estratégias para a prevenção que os professores aplicarão de acordo com as características de seus alunos. Além da prevenção, o livro oferece orientações para quando o conflito já é um fato e as relações estão prejudicadas.

- Finalmente, o livro tem um capítulo interessante sobre fontes bibliográficas e da internet, para aqueles que desejarem aprofundar-se no tema.

O que se oferece aqui não são receitas, mas ferramentas e práticas realistas que ajudarão os professores do Ensino Fundamental II a enfrentarem um conflito de convivência que atualmente ultrapassa os limites escolares.

---

* Esse relatório foi publicado no Brasil em forma de livro, em 1999, e fala sobre a educação no século XXI. (N.E.)

Contexto do conflito

- Descrição do problema
- Quem intervém no assédio na escola
- Indícios do problema
- Consequências

Descrição do problema

Segundo alguns dados

A fim de atender os propósitos da presente edição, que tem como meta dirigir-se aos professores, educadores e pais brasileiros, substituímos os dados da edição original, que apresentava o cenário sobre o *bullying* na Espanha, por dados colhidos e apresentados na pesquisa *Bullying escolar no Brasil*,[1] estudo cujo objetivo foi o de "constatar e descrever as situações entre pares e as manifestações de *bullying* em escolas do Ensino Fundamental no Brasil" e, especificamente, forneceu subsídios para que uma ONG[2] de alcance internacional desenvolvesse programas contra o *bullying* em campanha nacional.

O levantamento de dados para a pesquisa teve como preocupação garantir a diversidade do público, ou seja, dada a extensão territorial do país, foram selecionados públicos nas cinco regiões brasileiras – 5.168 alunos, estudantes de 5ª a 8ª séries do Ensino Fundamental, responderam à pesquisa.

A pesquisa atestou que o *bullying* é um fenômeno que se disseminou nas escolas, pois 70% dos alunos pesquisados declararam que presenciaram cenas de agressão entre colegas; 30% declararam ter vivenciado pelo menos uma situação de agressão e 10% declararam que praticaram ou sofreram *bullying*.

Conforme a pesquisa, os alunos que sofrem *bullying* são descritos pelos agressores ou espectadores como pessoas que apresentam características físicas ou comportamentais diferentes dos demais colegas: um traço físico, algum tipo de necessidade especial, veste roupas diferentes da turma, sobressai no desempenho escolar ou consome bens que os identificam com um status socioeconômico superior aos demais. Geralmente, são pessoas tímidas, inseguras. Esses fatores são muletas que justificam a ação violenta, ou seja, os agressores "dizem" que esses alunos são merecedores das agressões por serem as pessoas que são.

Já os alunos que assumem o papel de agressores são descritos como jovens que buscam popularidade junto aos colegas e têm necessidade de serem aceitos pelo grupo, de se sentirem poderosos diante dos demais, já que os envolvidos (vítimas e espectadores) validam suas ações quer pela omissão, quer pela falta de reação.

A prática mais comum de *bullying*, conforme a pesquisa, é a agressão verbal, através de apelidos e xingamentos. No ambiente virtual, insultos e calúnias estão entre as principais ocorrências de violência.

Um dado interessante da pesquisa foi quanto à delimitação e conceituação do problema. Conforme a pesquisa,[3]

---

[1] Os dados apresentados neste tópico foram baseados no relatório de pesquisa *Bullying escolar no Brasil*, estudo realizado pelo CEATS (Centro de Empreendedorismo Social e Administração em Terceiro Setor, ligado à FIA – Fundação Instituto de Administração), divulgado em março de 2010, com dados colhidos em 2009. Acesso ao relatório pelo endereço < http://escoladafamilia.fde.sp.gov.br/v2/Arquivos/pesquisa-bullying_escolar_no_brasil.pdf>.

[2] A ONG em questão é a PLAN Brasil, que desenvolveu o programa "Aprender sem medo". Maiores informações podem ser lidas na página <www.plan.org.br.>.

[3] Relatório de pesquisa *Bullying escolar no Brasil – relatório final,* março de 2010. Disponível em http://escoladafamilia.fde.sp.gov.br/v2/Arquivos/pesquisa-bullying_escolar_no_brasil.pdf>. Acesso: maio. 2011, p. 102.

[...]. O termo *bullying* mostrou não ser conhecido ou tampouco familiar à grande maioria da população alvo da pesquisa. A manifestação desse fenômeno não é considerada diferente de outras formas de violência interpessoal e grupal que ocorrem, com frequência, no ambiente escolar. [...]

Dados aferidos:

- a frequência elevada de *bullying* ocorre entre os adolescentes na faixa de 11 a 15 anos, cursando, normalmente, a sexta série do Ensino Fundamental (entre 11 e 13 anos);
- o maior número de vítimas é do sexo masculino. Interessante observar que os meninos, ao contrário das meninas, tendem a minimizar a gravidade da situação;
- o maior número de agressores é do sexo masculino;
- 17% dos alunos pesquisados foram vítimas de *ciberbullying*. No Sudeste, o percentual chega a 20%, considerando que o acesso aos recursos tecnológicos do ambiente virtual é maior;
- os espectadores do assédio são reconhecidos pela omissão e ou falta de reação entre os sujeitos envolvidos;
- é na região Sudeste que ocorrem os maiores índices de *bullying*;
- 10% dos alunos nunca se sentem seguros na escola e quase 13% não se sentem acolhidos.

Os números levantados pela pesquisa revelam a importância do envolvimento efetivo dos sujeitos (família, professores, alunos) que atuam no ambiente escolar. É a partir da interação entre eles que será possível discutir e elaborar ações que erradiquem o *bullying* nas relações entre colegas.

Definição e explicações do assédio na escola

Na hora de analisar os números de assédio na escola e de trabalhar com esses dados, deve-se levar em conta a definição desse fenômeno, já que em muitas ocasiões as respostas das vítimas são trivializadas, abrandando-se a importância que o fato tem, de modo que o apoio a ser oferecido não atende a vítima e o problema torna-se crônico, fazendo com que os efeitos, tanto nas vítimas como nos agressores, sejam intensificados.

Há muitas definições de assédio dadas por diversos autores. Segundo Roland, em linhas gerais,

> [...] *quando se fala de assédio na escola, este se refere à violência prolongada e repetida, tanto mental como física, realizada tanto por um indivíduo como por um grupo, dirigida contra um indivíduo que não é capaz de se defender diante dessa situação, transformando-se em vítima.*

Os objetivos do agressor são o de coagir o outro a não fazer determinadas coisas, expressar poder e domínio sobre ele, feri-lo e sobressair-se diante do grupo.

Há também diversos fatores que intervêm no comportamento abusivo. Brennan, Mednich e Kandel, em 1991, afirmavam que a pessoa carrega predisposições biológicas para a violência. Posteriormente, concluiu-se que esses fatores são insuficientes. Patterson, Capaldi e Bank, também no mesmo ano, afirmavam que existem fatores ambientais que são determinados pela família, uma vez que na idade infantil o ambiente é o fator que incide predominantemente no comportamento do indivíduo.

Os comportamentos antissociais que são gerados entre os membros de uma família servem de modelo e treinamento para o comportamento antissocial que os jovens exibem em outros ambientes, como a escola ou seu espaço social mais próximo. Em 1992 e 1995, Cerezo, depois de um estudo realizado com menores entre 12 e 15 anos de idade, afirmava que o clima sociofamiliar é o fator mais importante e o que mais intervém na formação e desenvolvimento dos comportamentos agressivos dos alunos.

Depois desse estudo, chega-se à conclusão de que a agressão é uma forma de interação aprendida (ou inata, como tinha sido afirmado anteriormente por alguns autores) dos comportamentos tanto observados como transmitidos no ambiente familiar.

Segundo Wood, Wong e Chachere (1991), 70% dos estudos e observações feitos indicam que existe um elemento ambiental que favorece o desenvolvimento da agressividade: as influências exercidas pela exposição à violência, a longo prazo, nos meios de comunicação. Filmes relacionados à violência podem gerar sentimentos de ira. No entanto, outros autores como Berkovitz e Bandura negam esta teoria.

Em 1986, Dodge e Brown tinham falado da inter-relação existente entre fatores cognitivos e comportamento agressivo, afirmando que a resposta agressiva se deve a uma inadaptação na codificação da informação, o que dificulta a elaboração de respostas alternativas. A criança agressiva se mostra comportamentalmente menos reflexiva e menos respeitada em relação a sentimentos, pensamentos e intenções que as crianças não agressivas.

Outros estudos, como os realizados por Rubin e Hollis, em 1991, indicam os fatores sociais como significativos e desencadeantes. Para eles, a resposta agressiva é o resultado da rejeição que um indivíduo sofre pelo grupo social, o qual o leva ao isolamento. Esse isolamento leva o sujeito a não exposição de experiências básicas de interação social.

Finalmente, também são apontados fatores de personalidade como fundamentais no desenvolvimento do comportamento agressivo, como nos estudos realizados por Slee e Rigby, em 1994. Estes autores associam a resposta agressiva à personalidade psicótica do sujeito, observando-se, neste tipo de perfil, comportamentos de despreocupação com os outros, gosto por zombar daqueles que lhes estão próximos, crueldade diante dos problemas alheios... E ligam estes comportamentos de tipo psicótico ao temperamento expansivo e impulsivo da criança que, por sua vez, mostra gosto pelos contatos sociais e, ao mesmo tempo, inclinação pelo risco e pelas situações de perigo.

Olweus descreve os maus-tratos como:

Um comportamento prolongado de insulto verbal, rejeição social, intimidação psicológica e/ou agressividade física de algumas crianças para com outras, que se tornam, desta forma, vítimas de seus companheiros. Um aluno é agredido ou se

> *transforma em vítima quando está exposto, de forma repetida e durante algum tempo, a ações negativas que outro aluno ou vários deles realizam.*[4]
>
> *A vitimização ou maus-tratos por abuso entre estudantes é um comportamento de perseguição física e/ou psicológica que o aluno ou a aluna realiza contra outro, ao qual escolheu como vítima de ataques repetidos. Essa ação, negativa e intencional, coloca as vítimas em posições das quais dificilmente elas podem sair com seus próprios recursos.*

Tipos e formas de maus-tratos entre estudantes

Nos diferentes estudos realizados sobre o assédio na escola, aparecem formas similares de maus-tratos. As agressões verbais, por meio de xingamentos, apelidos, ameaças e insultos, são as mais frequentes:

- xingamento: 9,8%;
- apelidos vexatórios: 5,7%;
- ameaças: 4,8%;
- insultos: 4,5%.

As agressões físicas (socos, pontapés, empurrões) seguem com 4%; o assédio sexual não chegou a 1%.

Importante observar que os alunos agressores também afirmaram em pesquisa que os maus-tratos mais frequentes usados contra seus colegas é o xingamento (12%); a agressão física (socos, pontapés e empurrões) vem em seguida, com 5,9%.

No estudo, fica claro que a maioria dos alunos no papel de espectador se mostra passiva quando presencia uma cena de maus-tratos e que alguns optam, inclusive, por animar o protagonista da agressão. Às vezes é difícil determinar quando se trata de uma brincadeira entre estudantes, inclusive sendo amigos, ou de ações violentas com intenção de fazer mal ao outro. Por isso, é muito importante saber diferenciar uma situação de maus-tratos de outra que não o seja.

Considera-se uma ação de maus-tratos:

> Toda ação reiterada através de diferentes formas de assédio ou hostilidade entre os alunos(as) ou entre um aluno(a) e um grupo de colegas – coisa que costuma ser mais frequente –, quando a vítima está em situação de inferioridade em relação ao agressor ou agressores.[5]

A definição de maus-tratos por *abuso de poder* se refere a:

> Um tipo perverso de relação interpessoal que acontece tipicamente no cerne de um grupo e se caracteriza por comportamentos reiterados de intimidação e exclusão, dirigidos a outro que se encontra numa posição de desvantagem.[6]

---

[4] OLWEUS, D. *Conductas de acoso e amenaza entre escolares*. Madrid: Morata, 1998.
[5] FERNÁNDEZ Y HERNÁNDEZ. Materiais editados pelo Defensor do Menor da Comunidade da Madri.
[6] DEL BARRIO, C. et al. Del maltrato y otros conceptos relacionados con la agresión entre escolares y su estudio psicológico. In: *Infancia y Aprendizaje* 26 (2003), 1, 9-24.

Outra forma de maus-tratos frequente é a *intimidação*, que é definida como:

"A hostilidade, o assédio e/ou a ameaça sistemática de um aluno ou grupo de alunos contra um companheiro ou companheira." Seu objetivo é causar dano, destruir, contrariar ou humilhar o outro. "É uma ação violenta que é exercida por um grupo ou indivíduo que tem mais força e poder, contra alguém em inferioridade de condições. A vítima não pode defender-se sozinha."[7]

Idades de risco

A idade de maior risco aparece entre 11 e 15 anos. O problema da violência escolar está presente em todas as escolas de Ensino Fundamental e que, em maior ou menor medida, afeta 17% dos alunos. Como em outros estudos, a maior incidência de maus-tratos acontece na 6ª série do Ensino Fundamental (entre 11 e 13 anos).

Outro aspecto são os maus-tratos como fenômeno fundamentalmente masculino. Os meninos agridem e sofrem maior número de agressões que as meninas, embora haja uma exceção: o comportamento de falar mal de outros acontece mais entre as meninas.

Respeito às diferenças

Para prevenir o problema do assédio escolar, com a participação da família e da escola, é fundamental trabalhar e ensinar, tanto com o que dizemos como com o que fazemos, valores como a tolerância, o respeito mútuo e a desaprovação do uso da valentia e da força em qualquer momento.

A postura, tanto na família como no âmbito escolar, deve caminhar sempre unida, promovendo nos meninos e nas meninas, desde pequenos, atitudes de flexibilidade, empatia e respeito às diferentes culturas, raças, sexo, religiões, bem como a compreensão das deficiências tanto físicas como psicológicas.

Trata-se de corrigir qualquer postura que permita atitudes violentas, por mais insignificantes que pareçam, e de orientar nosso comportamento e nosso diálogo para criar um espaço que favoreça a convivência e a confiança entre os estudantes, de modo que as vítimas possam falar e contar com ajuda. De um lado, o objetivo deve ser o de propiciar espaço para que as vítimas falem e procurem ajuda e, de outro, o de impedir as atitudes violentas, buscando, para os agressores, a ajuda e o tratamento necessários.

Falta de normas

Cada vez mais se documenta que, por trás da grande maioria das situações de assédio na escola, há uma série de dificuldades familiares de diversa natureza. A falta de controle do comportamento dos filhos, a ausência de regras, a inexistência de limites e a falta de padrões de conduta normalizados influem decisivamente na formação da personalidade e no desenvolvimento comportamental do menino e da menina.

---

[7] MATAMALA, A.; HUERTA, E. (2005): *El maltrato entre escolares.* Madrid: Machado Libros.

Se este grande número de dificuldades se unirem à falta de comunicação familiar e à pouca valorização de normas éticas e de valores sociais, assim como à falta de colaboração com a escola e à pouca valorização do trabalho educativo do professor, a educação socializadora transmitida a crianças e adolescentes apresentará carência de valores e de habilidades necessárias para uma integração na sociedade.

Devemos ressaltar a importância que têm a participação, a comunicação entre os alunos e a existência de regras de convivência claras em classe, já que o assédio não ocorre em todas as salas nem com todos os professores.

Também não podemos ignorar a influência que os meios de comunicação ou *video games* exercem em crianças e adolescentes ao exibirem comportamentos violentos em sua programação ou temas dos jogos. A exposição contínua de crianças e jovens às imagens violentas faz com que esse tipo de comportamento lhes pareça normal.

Quem intervém no assédio na escola

Perfil do agressor

Ser uma pessoa agressiva não é a mesma coisa que ter reações agressivas num dado momento. O perfil do agressor corresponde a um indivíduo que *mantém o comportamento agressivo durante o tempo todo* e não aquele que, num determinado momento, manifesta um comportamento agressivo.

As pessoas agressivas apresentam:
- *desejo de fazer mal a outro;*
- *desejo de sobressair diante do grupo;*
- *desejo de exercer controle e domínio;*
- *uma personalidade antissocial frequentemente.*

Dentro da tipologia de agressores destaca-se o agressivo instrumental, *aquele indivíduo que, através de seu comportamento, quer demonstrar superioridade, domínio e controle diante do grupo. Ele não precisa de nenhum tipo de provocação para agir de forma agressiva.*

Perfil da vítima

O perfil da vítima corresponde a pessoas que são tiranizadas pelo agressor e que apresentam os seguintes comportamentos:

- *Normalmente são meninos e meninas considerados fracos ou inferiores por seus companheiros de classe.*
- *Podem chegar a desenvolver comportamentos agressivos para conseguir alguma coisa, dada a influência agressiva que sofrem.*
- *Têm dificuldades para se comunicar e se relacionar com os companheiros, e, por isso, lhes é difícil pedir ajuda.*
- *Têm baixa autoestima.*
- *Sofrem de problemas de ansiedade e de transtornos, dadas suas experiências de medo e de insegurança.*
- *Costumam apresentar alterações no sono e na alimentação.*

Observadores ou espectadores

Dentro do cenário de assédio na escola, os observadores ou companheiros de grupo têm grande importância, pois de sua reação vai depender, em grande parte, a persistência ou a solução do problema. Não se pode esquecer de que, quando existe assédio dentro da sala de aula, acontecem os seguintes fatos e fatores:

- humilhação de um companheiro por outro por tempo prolongado, sendo que o agredido é submetido durante esse tempo a diversas agressões: físicas, zombarias, hostilidades, ameaças, isolamento...;
- passividade da vítima, uma vez que durante todo esse tempo ela está incapacitada para se defender, e, por isso, precisa da ajuda dos outros;
- não se trata de um determinado incidente, um ato atípico, uma brincadeira de mau gosto ou inadequada;
- existência de agressões que podem ser físicas, verbais (insultos) e psicológicas (isolamentos, rejeições, chantagens...);
- a convivência diária na escola se transforma num sofrimento insuportável para a vítima;
- o agressor se identifica com uma consciência associal e de marginalidade, podendo se transformar num delinquente;
- existência da lei do segredo entre o agressor e a vítima.

Daí a importância do papel dos observadores ou espectadores. Das atitudes deles, da rapidez para intervir, da confiança que oferecem ou de sua permissividade e tolerância a este tipo de fatos, dependerá, em grande parte, a ajuda que se presta à vítima e, portanto, as consequências que tais fatos venham a ter no desenvolvimento de sua personalidade.

Professores

Sempre que se dá uma situação de maus-tratos entre alunos dentro da sala de aula, observa-se que o fato não acontece com todos os professores e que o trabalho destes dentro do contexto da sala de aula influi significativamente. Em função das relações que se estabelecem e das regras de participação que o professor firmar com seus alunos, serão adotadas diferentes medidas de prevenção contra as agressões. Os aspectos que devem ser levados em consideração são:

- deve haver participação efetiva de todos os alunos na classe;
- deve-se criar um clima de comunicação que propicie a aprendizagem e as relações positivas;
- a ruptura de regras dentro da sala de aula deve levar a uma recolocação metodológica por parte do professor;
- o rompimento das regras dentro da sala de aula pode levar à violência entre alunos;
- o fracasso escolar e as dificuldades de aprendizagem são características frequentes em salas com um grau elevado de rompimento das regras;

- o grupo deve ter conhecimento de quais são as normas de funcionamento e suas consequências em caso de não cumprimento.

Deve-se observar que uma das funções da escola é proteger seus alunos, assim como prepará-los para o convívio social. A escola não tem somente a função educativa de desenvolver as habilidades e incrementar os conhecimentos; compete a ela, também, prepará-los para um contato social respeitoso e flexível, sendo responsável pela educação em valores, consciente do importante papel que exerce na formação da conduta de cada um dos seus alunos.

Indícios do problema

Atuação da família

Identificação do problema

A resposta da família é decisiva no momento em que se identifica o problema do assédio na escola. O papel dos pais tem aspectos diferentes quando o filho é o agressor ou quando é a vítima ou o observador, e em todos os casos se deve estar atento para identificar com exatidão o problema pelo qual está passando seu filho ou filha. Em todos os casos, é fundamental que tanto a família quanto a escola proporcionem às crianças e aos adolescentes a confiança necessária para pedir ajuda diante de uma situação de assédio.

Deve-se evitar a tendência frequente de culpar a criança ou o adolescente quando contam que foram vítimas de alguma situação de assédio, pois agindo desta forma só se consegue potencializar o sentimento de culpabilidade que com frequência as vítimas sentem nessas situações. Ou pode acontecer, também, que as vítimas omitam as situações por medo, e assim não será possível oferecer-lhes o apoio necessário.

Via de regra, convém enfatizar que as crianças, quando comentam que estão sendo vítimas de alguma situação de assédio, na escola, não costumam mentir nem inventar esses fatos.

✓ *Se seu filho é vítima*

Se um menino ou uma menina foi *vítima de assédio*, os pais deverão:

- verificar e investigar detalhadamente o que aconteceu;
- ouvir com interesse seu filho, prestando-lhe atenção e não esquecendo nenhum detalhe;
- mostrar interesse, escutando-o com atenção, sem interrompê-lo, até que tenha terminado o relato dos fatos;
- entrar em contato com a escola, com o professor e com os responsáveis pela instituição para informar-se sobre o que está acontecendo, com o objetivo de solucionar a situação;
- procurar acalmar e tranquilizar seu filho;
- intervir rapidamente assim que tomar conhecimento do assunto, buscando a ajuda profissional necessária;
- encorajar o filho a recuperar a confiança, deixando claro que ele não é culpado pelo ocorrido.

✓ *Se seu filho é agressor*

Se os pais souberem que seu filho ou filha é o *agressor* dentro do ambiente escolar, deverão:

- analisar e investigar detalhadamente o que aconteceu;
- entrar em contato com a escola, com o professor e com os responsáveis pela instituição, para apurar e informar-se sobre o que seu filho está fazendo e poder corrigir a situação;
- orientá-lo a procurar estratégias não violentas com as quais possa resolver possíveis conflitos entre os colegas;
- nunca admitir qualquer justificativa para comportamentos agressivos;
- incentivar e capacitar o filho para atuar como indivíduo relacional com empatia, flexibilidade, respeito e compreensão;
- oferecer-lhe estratégias suficientes para que ele possa sempre discernir atos violentos e discriminatórios;
- orientá-lo para a disposição em estabelecer relações positivas com o ambiente que o rodeia;
- tomar conhecimento dos fatos que acontecem com a criança ou o adolescente e intervir assim que se certificar do assunto, procurando a ajuda profissional necessária.

✓ *Se seu filho é observador*

Se os pais se inteiram de que seu filho ou filha está agindo como *observador* em uma situação de assédio na escola, deverão:

- observar, investigar e verificar detalhadamente o que aconteceu;
- buscar e avaliar a informação com a escola, objetivando corrigir o mais cedo possível esse modo de agir e suas consequências;
- nunca admitir qualquer justificativa para comportamentos agressivos;
- escutá-lo atentamente e interessar-se pelo acontecido, prestando-lhe atenção e não esquecendo nenhum detalhe;
- resolver possíveis dúvidas que o filho possa apresentar;
- avaliar com ele a busca de diferentes estratégias não violentas, a fim de que se possam resolver possíveis conflitos entre os colegas;
- incentivar e capacitar o filho para atuar como indivíduo relacional com empatia, flexibilidade, respeito e compreensão;
- oferecer-lhe estratégias suficientes para que ele possa sempre discernir atos violentos e discriminatórios, bem como agir diante desses atos;
- orientá-lo para a disposição em estabelecer relações positivas com o ambiente que o rodeia;
- tomar conhecimento com o filho sobre os fatos que aconteceram e intervir assim que se certificar do assunto, procurando a ajuda profissional necessária.

Atuação da escola

Dado que a atuação diante do assédio escolar deve ter caráter multidisciplinar e ser levado a diferentes âmbitos, recomenda-se "a criação de um observatório de maus-tratos entre alunos, ou uma instituição similar, que sirva de espaço para encontros, a fim de compartilhar experiências comuns, como intercâmbio de iniciativas e de difusão de estudos". Ao mesmo tempo propõe-se:

- vinculação das políticas educativas com as sociais para atender causas de violência alheias à escola;
- formação permanente dos professores em todos os níveis;
- contratação de especialistas, orientadores e assistentes sociais para as escolas;
- incentivos para obter a colaboração das famílias com as escolas;
- garantir a vigilância nos espaços e instalações escolares.

A atuação deve ser diferente com os diversos sujeitos no âmbito do assédio.

✓ *Com a vítima*

Como se observou, as crianças e os adolescentes, vítimas de assédio, tendem a se manifestar de forma tímida, com medo e insegurança em suas relações. Para agir com eles, deve-se partir das seguintes premissas:

- as vítimas nunca devem ser consideradas culpadas pelo incidente, pois não se deve esquecer de que não são elas que dão origem ou causam a agressão, e sim as vítimas do processo;
- todas as crianças e adolescentes merecem ser tratados com respeito e educação, levando em conta as suas diferenças.

A atuação adequada com a vítima deve:

- *manter sempre uma atitude de escuta, apoio e segurança por parte dos adultos;*
- *sempre que possível dar uma resposta conjunta, tanto por parte da família como da escola, mostrando-lhe formas assertivas de resposta;*
- *os fatos devem sempre ser levados a sério. Nunca se deve evitá-los nem ignorá-los, supondo que se acertarão por si mesmos;*
- *erradicar invariavelmente a lei do silêncio, proporcionando um clima de empatia e segurança na classe;*
- *no caso de a escola não levar a sério os fatos, a família deve trabalhar intensamente e buscar as medidas oportunas, até que se tomem as providências necessárias para resolver a situação;*
- *ensinar a vítima a dizer não diante dos fatos;*
- *orientá-la para pedir ajuda quando for preciso, pois, caso contrário, o problema se tornará crônico e cada vez mais grave.*

✓ Com o agressor

Se as medidas tomadas limitarem-se unicamente à vítima, a situação de assédio não desaparecerá. Tão importante quanto as medidas tomadas com a vítima é tomar medidas preventivas, ou seja, as mesmas medidas, quer primárias ou secundárias, devem também ser dirigidas aos agressores e aos observadores.

Não podemos esquecer que no âmbito institucional como o escolar, onde acontece a agressão, a ocorrência de assédio baixa a qualidade de vida das pessoas implicadas; além disso, dificulta a realização dos projetos, impedindo que se atinjam os objetivos propostos e cause o aumento de problemas e tensões.

A atuação adequada com o agressor deve:

- *não aceitar qualquer justificativa para os atos agressivos nem tolerar gestos paliativos que expressem uma pseudojustiça;*
- *ajustar e recordar de forma clara as normas de funcionamento da classe e regras de convivência do grupo;*
- *exercitar a tolerância e o respeito;*
- *trabalhar a igualdade de sexos, etnias e culturas;*
- *trabalhar em classe a solução de conflitos a partir de estratégias não violentas;*
- *exercitar o papel de se colocar no lugar do outro: o da vítima ou do assediado;*
- *incentivar a participação ativa e estimular o protagonismo em todos os alunos. Quanto maior a participação de todos os alunos nas atividades, menor a possibilidade de acontecer um comportamento agressivo;*
- *ensinar disciplina e exigir do agressor atitudes de arrependimento e de reparação pelo dano causado;*
- *criar medidas explícitas de que todo comportamento agressivo tem consequências e aquele que o fizer assumirá as responsabilidades pela conduta.*

✓ Com a classe

Também se deve tomar atitude em relação à classe em que aconteceu a agressão. Em grande parte, dependerá da resposta dos observadores, se acontecerá ou não novamente a agressão e com que frequência.

Com a classe, o professor deverá:

- *favorecer sempre a comunicação e obter a coordenação família-escola;*
- *não perder nunca a autoridade nem o papel como responsável da classe. Isso dá segurança tanto às vítimas como aos agressores e aos observadores;*

- *proporcionar um contexto em que possam ser comentadas, faladas e expostas as dificuldades e tensões que venham a ocorrer na classe;*
- *dar especial importância ao trabalho dos orientadores escolares;*
- *ensinar a rechaçar a violência, ensinando atitudes não violentas diante de situações críticas;*
- *oferecer-se como ponto de apoio diante das dificuldades;*
- *em nenhum momento atuar com disciplina rígida e severa, embora deva ser firme;*
- *trabalhar na sala de aula valores democráticos como o respeito e a tolerância, não somente a partir do que se diz, mas a partir do que se faz.*

✓ Com a família

A família é elemento-chave na hora de prevenir, apaziguar ou agir diante de uma situação de maus-tratos. Os pais são figuras importantíssimas no desenvolvimento do comportamento de seus filhos, e de sua coerência educativa dependerá o modo de agir destes.

A resposta dos pais deve ser diferente conforme o papel do seu filho no assédio: se é vítima ou agressor ou observador. De forma preventiva, é fundamental que os pais:

- estabeleçam algumas normas claras e eficazes, prefixando limites seguros e expectativas alcançáveis para seus filhos;
- proporcionem aos seus filhos um vínculo e um apego afetivo seguro e forte, garantindo-lhes segurança e apoio incondicional dentro da família;
- dirijam-se a eles de maneira positiva e segura, apoiando invariavelmente todos os seus comportamentos positivos;
- reprovem de forma taxativa os comportamentos negativos, servindo-lhes sempre de modelo não somente verbal, mas comportamental, pois a melhor educação é aquela que acontece através do exemplo;
- proporcionem aos filhos modelos que possam resolver os conflitos apresentados em classe;
- orientem os filhos como tratar os colegas de sala que apresentam comportamentos problemáticos;
- recomendem normas de comportamento adequado dentro da escola, de acordo com as regras sociais estabelecidas;
- encorajem seus filhos a não agirem, em nenhum momento, como meros observadores de uma situação de assédio em sua classe, explicando-lhes que essa atitude é um modo de participar da agressão;

- mantenham uma relação próxima e de interesse com a escola que seus filhos frequentam, envolvendo-se e participando no acompanhamento escolar e relacionando-se com os professores;
- expliquem a eles que a pluralidade cultural, religiosa, social, deve ser respeitada.

No caso de o filho estar se comportando como agressor, os pais terão de prestar muita atenção nas informações que lhes chegam da escola para trabalhar conjuntamente. Desde o primeiro momento, deverão rechaçar essa situação para que tal comportamento não se torne crônico e seus efeitos, cada vez mais graves.

As crianças e os adolescentes agressivos com seus companheiros podem desenvolver comportamentos de tipo associal. Por isso, os pais devem agir imediatamente:

- investigando as causas do assédio por parte de seu filho;
- escutando as informações que lhes dão sobre o comportamento de seu filho na escola;
- associando-se e comprometendo-se ativamente com a escola;
- escutando-o sobre as atividades que realiza com os amigos;
- explicando-lhe claramente que o comportamento de assédio é inadmissível dentro da família;
- ensinando-lhe métodos e estratégias para lidar com situações com seus colegas, advertindo-o sobre as consequências do assédio para ele, para as vítimas e para os companheiros;
- orientando-o sobre os comportamentos adequados;
- deixando claro que haverá consequências pelo assédio e que ele assumirá as responsabilidades dentro da família e da escola, exigindo dele fatos reparadores para com a vítima;
- reforçando suas atitudes, sentimentos e atos positivos;
- procurando a ajuda de um profissional, se for preciso.

Consequências

As consequências de uma situação de assédio na escola incidem sobre diferentes esferas: em primeiro lugar, a da vítima, e posteriormente a do agressor e a dos observadores ou da classe.

✓ *Na vítima*

Inicialmente, existe na vítima uma rejeição e uma atitude de medo em relação ao contexto escolar em que ocorreu o ato violento.

Produz-se na pessoa que sofre o assédio uma perda de confiança em si mesma e nos outros, um sentimento de insegurança e baixa autoestima, podendo chegar a um sentimento de culpa.

Com muita frequência, o agressor justifica o assédio culpando a vítima, em vez de ele se sentir culpado. Essa justificativa faz com que tanto a vítima como os observadores acabem desvirtuando a realidade, minimizando a responsabilidade do agressor e orientando-a para a vítima, fazendo aumentar o sentimento de culpa do agredido.

É fundamental a ajuda dada pela família, pelo profissional, ou pelas pessoas de convívio, para que as consequências tenham menor incidência.

✓ *No agressor*

Quando o agressor usa de sua força diante da vítima e diante dos observadores, ele cria obstáculos para que haja relações positivas e aceitáveis aos padrões sociais. O agressor se vê como uma espécie de herói ou como alguém que apenas reage diante de provocações que ele pensa que a vítima lhe faz. O agressor sabe escolher a vítima e a vê como alguém que merece ou como alguém provocativo, justificando assim seus atos violentos diante de si mesmo e diante do grupo.

✓ *Na classe*

As consequências que o assédio na escola provoca na classe, isto é, no grupo de observadores, às vezes são semelhantes às que acontecem com a vítima e o agressor.

Em princípio, deve-se observar que, na classe onde ocorrem essas situações de assédio e de maus-tratos entre colegas, as qualidades na aprendizagem e nas relações humanas sofrem uma queda notável, pois nesse ambiente há falta de normas e de limites, e, ao mesmo tempo, falta de defesa e a presença da desordem entre os alunos. Dentre as consequências mais significativas, encontram-se a falta de empatia e de humanidade, o medo de ser agredido assim como acontece com o companheiro-vítima e a falta de sensibilidade e compreensão para com os problemas alheios.

Estas consequências fazem com que os alunos cresçam num ambiente propício à violência, já que os observadores, a médio prazo, podem se tornar os futuros agressores, como àqueles que estão maltratando, os colegas.

II
Estratégias preventivas

- Materiais para a aula

    Plano de Acolhida dos alunos
    Unidade de acolhida e avaliação inicial
    Acompanhamento dos alunos
    Plano de Ação Escolar
    Entrevistas
    Plano de Atenção à Diversidade
    Plano de convivência

Materiais para a aula

A principal ação que se realiza no âmbito escolar é aquela encaminhada para a aquisição de uma série de capacidades que conduzam os alunos à integração pessoal e social. Portanto, estamos diante de uma ação preventiva de grande alcance. Em relação ao assédio na escola, a ação dos professores deve ser dirigida significativamente para a *prevenção primária*, isto é, trabalhar intensamente a fim de que o problema não comece, mas sem esquecer da *prevenção secundária*, isto é: se aparecer um comportamento de assédio na escola, colocar em prática os meios para que não se espalhe.

Essas ações não podem ficar por conta do acaso, elas devem estar apoiadas numa série de intenções educativas de consenso, de modo que aspirem a se converter numa experiência educativa motivadora, que envolvam os alunos, e os professores se comprometam a levá-las a termo.

Isso exige que o educador e todas as pessoas, que estão no âmbito da escola, desenvolvam estratégias específicas para conseguir uma convivência pacífica, conscientes de que nesta convivência inclui-se o conflito, o qual se deve aprender a administrar e controlar.

As práticas que a seguir são apresentadas se apoiam nas seguintes convicções:

- A sociedade é caracterizada pela heterogeneidade: culturas diferentes, procedências diferentes que criam tensões e conflitos.
- São numerosas as tensões sociais vividas no cotidiano dos alunos, as quais se refletem também no contexto escolar.
- A violência é um fato cada vez mais evidente em nossa sociedade. A paz não é vista como algo positivo, mas como ausência de guerra. Em muitos casos, os conflitos não são tratados, mas evitados, tornando-se, posteriormente, situações mais graves de assédio.
- As escolas são microcosmos onde se reflete tudo o que acontece na sociedade.
- É necessário envolver os alunos na solução de seus próprios conflitos (pessoais, familiares, escolares), dando-lhes orientações, formando-os como mediadores, negociando com eles o próprio regulamento escolar.

Por tudo isso, as principais tarefas do orientador, do coordenador e dos professores para colaborar no processo de formar pessoas e ensinar os alunos a conviver são:

- *Conhecer cada aluno, sua família, sua história, seu processo, identificando seus valores e necessidades, para poder, depois, realizar o acompanhamento e desenvolver aquilo que nele aparece como capacidade e como possibilidade.*
- *Avaliar as capacidades, os conhecimentos e as experiências já construídos para que se possa realizar um processo ativo de protagonismo em seu próprio crescimento.*[1]

---

[1] Segundo Iosu Cabodevilla: "cada ser humano tem a necessidade de desenvolver suas próprias potencialidades. Na medida em que realizamos nossas capacidades como pessoas, experimentamos uma alegria profunda e um grato sentimento de plenitude". In: ALEMANY, C. (Ed.). *Relatos para el crecimiento personal*. Bilbao: Desclée de Brouwer, 1996. p. 79.

Quando o aluno e o grupo sentem que são conhecidos, que têm um espaço e que há preocupação com eles, diminui a necessidade de "chamar a atenção". Algumas estratégias que os professores podem pôr em prática para realizar esse processo são:

- Plano de Acolhida, com unidade de acolhida e avaliação inicial.
- Unidades didáticas, tais como "O respeito nas relações".
- Aulas de avaliação.
- Reuniões da equipe docente.
- Entrevistas.

Plano de Acolhida dos alunos

O *Plano de Acolhida* tem como objetivo conhecer com antecedência a realidade de cada aluno anterior à escola, de maneira que, desde o começo, possam ser estabelecidas *medidas preventivas* e de apoio favoráveis a esse aluno, que ele se sinta bem nas relações que estabelece e integrado no processo acadêmico. É fundamental criar uma relação de proximidade com a família que permita coordenar-se com ela e comprometer-se para que a criança ou o adolescente tenha respaldos dos adultos, tanto em casa como na escola. A equipe de orientação educacional tem função primordial neste âmbito através da relação estreita com a equipe diretiva e com o resto dos professores (coordenadores e professores de área).

O Plano de Acolhida pretende desenvolver atividades concretas que tornem possíveis se atingir os seguintes objetivos:

Objetivos do Plano de Acolhida

- *Conhecer as necessidades dos alunos.*
- *Dar informações relevantes aos professores para que possam elaborar, desde o início, respostas adequadas para cada aluno.*
- *Buscar medidas, de acordo com as necessidades educativas – não só curriculares –, que favoreçam uma integração, a mais tranquila possível, como: atenção na programação da aula, adaptações curriculares, relações estabelecidas pela orientação educacional.*
- *Contatar, o quanto antes, as famílias e agendar compromissos efetivos em relação à organização do tempo dos filhos, à realização de tarefas diárias e ao tempo de estudo. Também agendar encontros com os coordenadores e/ou professores ao longo do ano para realizar acompanhamento do aluno em uma ação conjunta entre família e escola.*
- *Ter à mão, desde o início, dados sobre o aluno e sobre sua realidade.*

As ações com caráter de orientação que devem ser realizadas para o alcance desses objetivos são:

Ações da equipe de orientação educacional

- *Obter informações pessoais e específicas do aluno, através dos professores da escola de origem ou dos professores da série anterior.*
- *Conhecer a família e estabelecer os primeiros diálogos através de encontros marcados desde o início do ano letivo.*
- *Realizar atividades de conhecimento pessoal e interpessoal.*

Plano de Acolhida e Acompanhamento		
Antes de começarem as aulas		
Atividades	**Data**	**Responsáveis**
• Revisar a documentação dos alunos novos.	• 1ª semana do ano escolar.	• Orientação educacional e coordenação pedagógica.
• Entrevistas com os professores anteriores e/ou com as equipes.	• 1ª semana do ano escolar: com as equipes. • 2ª semana do ano escolar: com professores de outras escolas. • 2ª semana do ano escolar: com professores da própria escola.	• Orientação educacional e coordenação pedagógica.
Durante a 2ª quinzena do 1º mês e 2º mês do início do ano escolar		
Atividades	**Data**	**Responsáveis**
• Reunião com os pais. • Apresentação dos planos de coordenação da acolhida e agendamento dos encontros. • Plano de prevenção.	• 2ª quinzena do início das aulas.	• Direção escolar, orientação educacional e coordenação pedagógica.
• Avaliação inicial de todos os alunos (do 6º ao 9º ano e os alunos do Ensino Médio).	• 2ª quinzena de aula.	• Professores e orientação educacional.
• Encontro com todos os alunos.	• 1ª semana de aula.	• Direção, orientação educacional e coordenação pedagógica.
• Atividades em grupo para o conhecimento interpessoal.	• 1ª quinzena do início das aulas.	• Orientação educacional e professores das áreas.

Atividades	Data	Responsáveis
• Entrevista inicial com os alunos. Primeiro, com os alunos novos para a acolhida e a apresentação do recém-chegado. • Avaliação inicial nas áreas.	• 1ª semana de aula: alunos novos. • Durante o 2º mês de aula: demais alunos. • 2ª semana de aula.	• Orientação educacional e coordenação pedagógica. • Professores das áreas (conforme decisão prévia no departamento).
• Reunião da direção e da equipe de orientação educacional com os professores para analisar as diferentes situações dos alunos e determinar medidas.	• 2º mês do início das aulas.	• Direção, orientação educacional, coordenação pedagógica, e todos os professores, inclusive a equipe de apoio.
• Entrevistas com todos os pais para agendar encontros e traçar planos de atividades.	• Durante o 2º mês, após o início das aulas.	• Orientação educacional e coordenação pedagógica.
• Comissão de Avaliação Inicial.	• Final do 2º mês, após o início das aulas.	• Orientação educacional, coordenação pedagógica e professores.

Durante o ano

Atividades	Data	Responsáveis
• Fazer o acompanhamento dos alunos: nas avaliações (com as equipes docentes); nos encontros das equipes docentes.	• Nas datas das avaliações, conforme planejamento escolar.	• Direção, orientação educacional e coordenação pedagógica.
• Anotar no diário do professor as incidências necessárias de controle: pontualidade, ausências nas aulas, atitude, deveres etc., de maneira que se possam detectar os problemas em seu estágio inicial e não quando a atitude já está se consolidando. • Unidades didáticas preparadas para se trabalhar as relações interpessoais e interculturais.	• Ao longo do ano.	• Orientação educacional, coordenação pedagógica, professores, e toda equipe de apoio.
• Avaliação do processo realizado com cada aluno, desde o momento quando se levantaram dados da sua realidade, anterior à escola.	• Avaliação final do ano.	• Orientação educacional, coordenação pedagógica e professores das áreas.
• Acolhida dos alunos que se matriculam ao longo do ano.	• Ao longo do ano.	• Orientação educacional, coordenação pedagógica e professores das áreas.

Planilhas para o início do ano

Entrevista com os professores da escola de origem
Aluno(a):   Ano:
Informações fornecidas pela escola de origem • Escola de origem: • Anos cursados: • Como foi a integração do aluno na escola? Foi matriculado no ano que lhe correspondia ou não? • De que tipo de ajuda precisava? Puderam oferecê-las? Quais foram? • Como correspondeu? • Quais necessidades não foram resolvidas? • Quais os aspectos que devem ser priorizados? • Pessoa de referência na família. Pessoa de contato com quem se pode trabalhar. • Resposta dessa pessoa na relação com a escola. Que tipo de colaboração foi possível estabelecer com ela?
Conhecendo o ambiente do aluno e a vinculação afetiva que se estabeleceu • Como é o ambiente familiar? Os pais ou algum adulto estão cuidando dele? Há organização em casa ou fica sozinho durante muito tempo sem atividade ou tarefa que ocupe o tempo depois da escola? • Frequenta a escola quando há atividades extracurriculares? Faz cursos complementares, depois das aulas? • A família e/ou o aluno manifestam uma atitude positiva nas atividades extracurriculares ou complementares?

Coleta de dados do aluno
Nome: **Ano:**
Endereço: **Telefone:**
Nome dos pais ou responsáveis:
Dados familiares de interesse: • O aluno vive dentro de uma família constituída ou há algum dado que deva ser levado em consideração? • Com quem vive? • Se veio de outra cidade, quando chegou?
Trajetória escolar: • Qual a frequência em que houve a necessidade de reforço ou ajuda extra? Houve necessidade de recuperação? Quantas vezes? • Teve avaliações psicopedagógicas? Por que foram feitas? Qual foi o diagnóstico feito e a orientação dada? • Teve algum apoio, ajuda externa...? **Comportamento, atitudes destacáveis:**

Entrevista com o aluno
Dados pessoais
Nome completo: Ano: • De onde você veio? Quando chegou a esta cidade (se for o caso)? • Com quem vive? Como você está? • O que faz depois que sai da escola? • O que faz durante o dia, depois das aulas ou quando não há aulas?
Nível escolar

• Como você avalia o seu desempenho até agora nos estudos?
• Como se organiza para estudar?
  – Durante a semana:
  – No fim de semana:

Relações, tempo livre
• Quando sai? Todos os dias? No fim de semana? Você tem amigos?
• Que atividades pratica? Desportivas? Musicais? Outras...

Unidade de acolhida e avaliação inicial

Inicia-se a acolhida com o orientador educacional, que se encarrega de fazer a aproximação com cada aluno, demonstrando que ele é conhecido na escola, que os professores se interessam por ele, que conhecem suas necessidades educativas e que vão dar-lhe as respostas adequadas. Isso lhe dará a segurança de que precisa para enfrentar as dificuldades com as quais vai se deparar. Esse é o sentido das primeiras atividades e da avaliação inicial, que serão realizadas através do que se denomina *unidade de acolhida e avaliação inicial*.

A unidade de acolhida e avaliação inicial é uma ação coordenada por todos os professores e pretende:

- Facilitar a acolhida, identificando a sala do aluno na escola e no novo ano: os alunos devem saber onde fica sua sala, quais são os espaços e recursos que vão utilizar, as programações e horários das disciplinas, as normas fundamentais da escola e as pessoas que vão estar atentas às suas necessidades: direção e coordenadores pedagógicos, professores das diferentes disciplinas.

- Favorecer a avaliação e estabelecer as medidas que devem ser tomadas a partir das necessidades de cada aluno.

A seguir, apresentamos uma Unidade de Acolhida e Avaliação para todos os alunos do Ensino Fundamental II. Embora tenham um eixo comum, as atividades são diversificadas por séries para que os grupos se encontrem no final da unidade e compartilhem o trabalho realizado. É um começo motivador, em que se quer ressaltar a inclusão de todos e convidá-los a participar desse compromisso na escola, o lugar onde podem começar a viver experiências que mais adiante repetirão como cidadãos.[2]

A proposta é fazer uma apresentação para todas as séries de maneira que os grupos se conheçam, se relacionem e realizem uma atividade comum surgida do compromisso que cada grupo assume com os outros grupos. Contempla atividades orientadas para:

- Fazer com que os professores conheçam, desde o primeiro momento, os alunos que vão estar em cada sala e que possam ser estabelecidas as medidas adequadas para dar resposta a suas necessidades educativas.

- Criar na escola um clima cordial de encontro e conhecimento entre os grupos.

- Levar ao conhecimento dos alunos novos, por meio dos alunos que estão há mais de um ano na escola, as estruturas organizacionais e participativas, assim como as normas de convivência da instituição.

Num lugar visível do edifício haverá um mapa da escola (das salas de aula, da biblioteca, do refeitório, da área de esportes, da área de gestão, dos espaços de circulação etc.) para que os estudantes se situem, identificando a sala do ano anterior e a atual, assim como as classes onde está situado o aluno novo.

Ações de diagnóstico e avaliação

- Avaliação dos alunos com provas preparadas pelo professor de cada disciplina.

- Avaliação dos alunos com provas unificadas para o 6º ano do Ensino Fundamental II (ou para todos os anos, se a escola assim quiser) e avaliações para os casos em que for necessário conhecer o nível de competência curricular e detectar possibilidades e limites dos alunos em Ciências, História, Geografia, Matemática e Língua Portuguesa. Avaliação, também, da capacidade geral de cada aluno e de aspectos pessoais, como a autoestima.

- Comunicar aos professores as informações obtidas nas provas unificadas, para que possam contar desde o início com respostas adequadas para cada um. Comparação entre os dados que aparecem nas avaliações por disciplina e nas provas unificadas.

- Busca de medidas adequadas que favoreçam a integração entre os alunos: a programação das aulas, medidas organizacionais, metodológicas ou de avaliação, adaptações curriculares, relações estabelecidas a partir da orientação educacional.

---

[2] Outras unidades iniciais para o Ensino Médio: BLANCHARD, M.; MUZÁS, M. D. *Plan de Acción Tutorial en Secundaria. Elaboración, desarrollo y materiales*. 2. ed. Madrid: Narcea, 1999.

Acolhida dos alunos que se matriculam na escola ao longo do ano

Com a chegada de novos alunos ao longo do ano, torna-se necessário o planejamento de um processo por etapas, que seja conhecido por todos os professores, para que a integração do aluno na escola e no grupo seja a mais rápida possível e que ele possa se adequar ao novo contexto, de acordo com as regras da escola. Assim, os professores podem saber quando o aluno chega à classe, qual é sua situação inicial em nível curricular e pessoal.

Pelas características especiais de cada uma das ações propostas anteriormente, apresentamos uma programação da unidade de acolhida e avaliação que consta de três partes:

1. Atividades de acolhida.

2. Critérios de avaliação.

3. Atividade final.

As atividades de acolhida são desenvolvidas a partir da orientação educacional e das disciplinas curriculares. Algumas são específicas para cada ano e outras podem ser comuns do 6º ao 9º ano do Ensino Fundamental II.

A seguir, é apresentado o esquema geral da unidade, com distribuição de atividades para cada ano; com o desenvolvimento detalhado delas, o enunciado de conteúdos correspondente, tempo etc.

Unidade inicial de acolhida e avaliação
"Aqui todos somos importantes."
(Cada ano tem seu próprio título por curso.)
Tempo: as quatro primeiras semanas do ano escolar.
Objetivos
• Descobrir as necessidades que aparecem nos grupos e nas pessoas em cada área/disciplina. • Recordar determinados hábitos e/ou regras imprescindíveis que permitam a boa convivência entre todos. • Conhecer-se e comprometer-se com a escola, com seus companheiros e consigo mesmo. • Apresentar, de forma motivadora, os programas das disciplinas com objetivos, conteúdos, métodos de trabalho na sala de aula. • Avaliar o nível de competência curricular. • Terminar o processo com um encontro comum.

1. Atividades de acolhida

6º ano: *"Começamos uma aventura..."*

Atividades na orientação educacional e coordenação pedagógica	Atividades nas disciplinas
1. Apresentação do professor e *"Chegou uma carta para você"*. 2. "Eu sou", "Eu gosto", "Venho de... Vivo em... meu bairro, minha família, meus amigos... Meus *hobbies*". 3. Este é nosso grupo. Escolha de um nome para o grupo. 4. Compartilhamos responsabilidades. 5. Filme: *Harry Potter e a pedra filosofal*.[3] 6. Conhecemos a escola.	7. Conhecimento professores-alunos. 8. Conhecimento de critérios de avaliação e metodologia de cada disciplina.

7º ano: *"Você sabe o que é formar uma corrente do bem?"*

Atividades na orientação educacional	Atividades nas disciplinas
1. Apresentação do professor e *"Chegou uma carta para você"*. 2. Apresentação dos alunos da sala. 3. Este é nosso grupo. Escolha de um nome para o grupo. 4. Compartilhamos responsabilidades. 5. Filme: *A corrente do bem*.[4] Comentário. Como podemos formar uma corrente com os alunos que chegam? Decisão e execução. 6. O que você pode fazer aqui? Atividades de participação para o encontro final.	7. Conhecimento professores-alunos. 8. Conhecimento de critérios de avaliação e metodologia de cada disciplina.

---

[3] *Harry Potter e a pedra filosofal* (*Harry Potter and sorcerer stone*). Direção: Chris Columbus, EUA, 2001.
[4] *A corrente do bem* (*Pay it Forward*). Direção: Mimi Leder, EUA, 2000.

8º ano: *"Somos iguais, somos diferentes"*	
Atividades na orientação educacional	Atividades nas disciplinas
1. Apresentação do professor e *"Chegou uma carta para você"*. 2. Apresentação dos alunos da sala. 3. A toalha de mesa. 4. Compartilhamos responsabilidades. 5. Filme: *A voz do coração*.[5] 6. Preparação das normas de convivência para serem conhecidas pelos alunos novos.	7. Conhecimento professores-alunos. 8. Conhecimento de critérios de avaliação e metodologia de cada disciplina.

9º ano: *"Preparamos um encontro para todos"*	
Atividades na orientação educacional	Atividades nas disciplinas
1. Apresentação do professor e *"Chegou uma carta para você"*. 2. Apresentação dos alunos. 3. Este é nosso grupo. Escolha de um nome para o grupo. 4. Preparação do encontro final: grupos que criarão o contexto, o motivo, o cenário, o mapa etc. 5. Filme: *Sociedade dos poetas mortos*.[6]	6. Conhecimento professores-alunos. 7. Conhecimento de critérios de avaliação e metodologia de cada disciplina.

2. Critérios de avaliação
Aspectos comuns aos quatro anos
1. Atividade em grupo • Participa ordenadamente no grupo. • Escuta com atenção o que os outros compartilham e se interessa por eles. • Organiza-se e assume responsabilidades no grupo. • Escuta e acolhe as propostas dos outros quando são diferentes das suas.

---

[5] *A voz do coração* (*Les choristes*). Direção: Christophe Barratier, França, 2004.
[6] *Sociedade dos poetas mortos* (*Dead Poets Society*). Direção: Peter Weir, EUA, 1989.

2. Respeito e relações

Com os professores: apresenta-se de forma positiva. Mantém uma atitude de escuta. Conserva uma atitude receptiva diante do educador. Manifesta uma relação de comunicação e respeito.

Com os colegas: integra-se melhor com os que são do mesmo sexo/outro sexo. Mostra respeito e se relaciona com todos. Assume as responsabilidades que lhe competem. Escuta e dá valor às iniciativas dos outros. Revela entusiasmo por conhecer outras pessoas e por se fazer conhecer. Manifesta entusiasmo por seu grupo de pertença.

Com o patrimônio da escola: cuida dos espaços comuns e do material comum. Conserva seus materiais limpos e ordenados.

3. Conhecimentos curriculares
- Escreve coerentemente frases concatenadas.
- Lê em voz alta com fluência e velocidade adequada.
- Domina as quatro operações básicas com agilidade.

4. Contexto sociofamiliar
- Composição da família.
- Papel de cada membro em relação ao aluno.
- Relações que mantém.

5. Atitude diante da atividade
- Mostra interesse e se integra na atividade.
- Realiza as tarefas dadas.
- Hábitos de trabalho.
- Interesses que apresenta.
- Responde ao apoio dado.

Avaliação específica

6. O que queremos avaliar?
- Nível de competência dos alunos através de provas unificadas e de atividades propostas pelos professores das disciplinas.
- Nível e grau de conhecimento em determinadas dinâmicas de trabalho em grupo.
- Capacidade dos alunos para dar resposta às iniciativas dos professores.
- Determinados procedimentos que necessariamente tenham superado anteriormente.

3. Atividade final

Esta unidade termina com uma convivência de apresentação dos grupos e de caráter cultural.

Os alunos do 9º ano elaboram a programação e a estrutura do encontro. Passa-se para a:
- Apresentação dos alunos do 6º ano.
- Apresentação dos alunos das classes dos 7º, 8º e 9º anos.
- Apresentação das atividades sobre as regras, organização, participação por parte dos grupos encarregados da explicação para os alunos novos.

Desenvolvimento das atividades na orientação educacional e coordenação pedagógica

1. Atividades comuns a todos os anos
   - Atividade 1: *Chegou uma carta para você.*
   - Atividade 3: *Este é o nosso grupo* (exceto para o 8º ano).
   - Atividade 4: *Compartilhamos responsabilidades* (exceto para o 9º ano).
   - Atividade 5: Filme.

2. Atividades para o 6º ano
   - Atividade 2: *Eu sou... Venho de... Vivo em... Meu bairro, minha família, meus amigos... Meus* hobbies.

3. Atividades para o 7º ano
   - Atividade 2: *Apresentação dos alunos.*
   - Atividade 6: *O que você pode fazer aqui?*

4. Atividade para o 8º ano
   - Atividade 3: *A toalha de mesa.*

5. Atividade para o 9º ano
   - Atividade 4: *Preparamos o encontro de todos.*

1. Atividades comuns a todos os anos
Atividade 1: *Chegou uma carta para você*

Objetivo
• Estabelecer uma relação personalizada e próxima entre professor-aluno, colher os dados que o aluno quiser contar, saber quais são suas preocupações, *hobbies*, seu compromisso atual, as expectativas para o começo do ano escolar.

Conteúdos relativos a esta atividade
• Conservar uma atitude receptiva diante do educador. • Demonstrar uma relação de comunicação e respeito.

▶

Dinâmica da atividade

1º O professor escreve uma carta para cada aluno.

2º No 6º ano, o professor se apresenta e conta alguma situação positiva de sua vida.

3º Nos outros anos, a carta é um pretexto para recordar alguma situação vivida juntos no ano anterior e para enfatizar algo importante a ser conquistado pelo grupo durante o ano em curso.

4º O professor distribui, pessoalmente, a carta dirigida para cada um de seus alunos e, enquanto o faz, explica que pensou em cada um durante as férias e quer lhes contar algo importante. Uma carta pede uma resposta.

5º Dar um tempo para sua leitura.

6º Os alunos são convidados a escrever sua resposta.

Materiais: papel, envelope, caneta esferográfica.

Tempo: meia hora.

Atividade 3: *Este é o nosso grupo*

Critérios de avaliação

- Manifestar interesse pelo grupo.
- Demonstrar respeito e se relacionar com todos.

Conteúdos relativos a esta atividade

- Apresentação dos alunos em cada grupo.

Dinâmica da atividade

1º O professor explica a importância da dinâmica por meio de perguntas sobre o que o grupo significa para eles. Reserva-se um tempo para o diálogo e, no final, faz-se um resumo, acrescentando aspectos de importância que podem não ter aparecido durante a conversa.

2º Tira-se uma fotografia ou se projeta a silhueta do grupo na parede para desenhá-la em papel e recortá-la.

3º Identificação do grupo. Com a participação de todos, busca-se um nome para o grupo.

4º Exposição do trabalho próximo do lugar do mapa da escola.

Materiais: cartolina, papel, episcópio, máquina fotográfica, tesoura.

Tempo: uma hora.

Atividade 4: *Compartilhamos responsabilidades*

Critérios de avaliação

- Assumir as responsabilidades da aula e se organizar para realizá-las.

Conteúdos relativos a esta atividade

- Responsabilidades compartilhadas.

Dinâmica da atividade

1º O professor pergunta pelas tarefas que os alunos fazem em casa.

2º Expõe a necessidade de fazer as tarefas na sala de aula.

3º Descreve as tarefas da sala de aula com as responsabilidades pertinentes.

4º Distribui as tarefas, pedindo voluntários de acordo com habilidades e interesses.

5º Numa cartolina ou no mural da sala são colocadas as tarefas e respectivos responsáveis.

Materiais: cartolina.

Tempo: meia hora.

Atividade 5: *Filme*

Critérios de avaliação

- Mostrar interesse e se integrar numa atividade visual.

Conteúdos relativos a esta atividade

- Filmes: 6º ano – *Harry Potter e a pedra filosofal*. 7º ano – *A corrente do bem*. 8º ano – *A voz do coração*. 9º ano – *Sociedade dos poetas mortos*.

Dinâmica da atividade

1º Um aluno, com a ajuda do professor, prepara o DVD.

2º Outro aluno introduz o filme e informa qual objetivo que se quer atingir.

3º Assistir ao filme.

4º Comentários sobre o filme e aplicações para a vida na escola e na classe.

Materiais: filmes, equipamentos audiovisuais.

Tempo: duas horas.

2. Atividades para o 6º ano

Atividade 2: *Eu sou... Venho de... Vivo em... Meu bairro, minha família, meus amigos... Meus hobbies*

Critérios de avaliação

- Manifestar interesse para conhecer outras pessoas.
- Apresentar-se de forma positiva.
- Apresentar e aceitar iniciativas de bom agrado.

Conteúdos relativos a esta atividade

- Apresentação de si mesmo.
- Participar ordenadamente no grupo.

Dinâmica da atividade

1ª parte

1º O professor explica o objetivo desta unidade: que o próprio professor e seus colegas de sala possam conhecê-lo; o aluno preparará sua apresentação para os outros alunos, que será feita no encontro final.

2º O aluno responde à ficha de apresentação e pensa em símbolos, desenhos, fotos que ilustrem aquilo que escreveu na ficha. Deverá trazer uma ou várias fotografias.

3º Deverá compartilhar com seus companheiros.

2ª parte

4º Com a ajuda de alunos do 9º ano e do professor ou do professor de informática farão quatro slides em PowerPoint: 1º slide: sua fotografia identificando-se; 2º slide: seu bairro, sua família, seus amigos; 3º slide: seus *hobbies*; 4º slide: uma fotografia de sua cidade de origem, ou do lugar do qual mais gosta...

5º O trabalho será colocado perto do mapa da escola.

3ª parte

6º Apresentação para os colegas no encontro final dos grupos.

Materiais: fichas, computador, equipamentos de apresentação.

Tempo: duas horas.

3. Atividades para o 7º ano

Atividade 2: *Apresentação dos alunos*

Critérios de avaliação

- Manifestar atitude de escuta e respeito.
- Participar ordenadamente no grupo.

Conteúdos relativos a esta atividade

- Reapresentação dos alunos do grupo e também a oportunidade de conhecer os companheiros novos que se incorporaram ao grupo.

Dinâmica de atividade

1º O professor explica que a atividade é uma oportunidade para se apresentar de novo, ser conhecido e chamado como deseja.

2º Organiza-se a sala de dois em dois, e dá-se um tempo para que os alunos conversem, pois cada aluno apresentará o colega; assim, nessa conversa um dirá ao outro como quer ser apresentado. Eles devem ficar um do lado do outro.

3º No papel sulfite desenha-se as duas mãos abertas em posição oposta para que possam se entrelaçar com outras duas e assim fazer uma corrente. Colore-se o desenho e coloca-se o nome nelas.

4º Dialoga-se a respeito do símbolo que representam.

Materiais: papel sulfite, pincel atômico ou giz de cera colorido.
Tempo: 45 minutos.

Atividade 6: *O que você pode fazer aqui?*
Critérios de avaliação • Conhecer as responsabilidades na escola e se preparar para incentivar os colegas.
Conteúdos relativos a esta atividade • Assumir responsabilidades na escola. • Aceitar e propor iniciativas.
Dinâmica da atividade 1º O professor faz, com os alunos, uma relação das tarefas que são realizadas na escola. 2º Divide o grupo em subgrupos para que cada um descreva uma tarefa. O grupo deverá perguntar ao orientador educacional ou ao coordenador pedagógico detalhes de horário, lugar para realizar as tarefas etc. Biblioteca, revista, laboratórios e seminários de diferentes disciplinas, tarefas comuns da escola. 3º Descrevem as tarefas com as responsabilidades pertinentes. 4º Encarregam-se de narrar como as tarefas são realizadas para explicar no encontro final da unidade de acolhida. Se precisarem visualizar o que é, como se faz etc. terão os materiais à sua disposição. 5º Em uma cartolina ou no mural da classe são expostas as tarefas da escola, assim como a descrição de cada uma delas.
Materiais: cartolina, materiais das diversas tarefas.
Tempo: uma hora.

4. Atividade para o 8º ano
Atividade 3: *A toalha de mesa*
Critérios de avaliação • Mostrar respeito e se relacionar com todos. • Mostrar entusiasmo para conhecer outras pessoas e por se fazer conhecer.
Conteúdos relativos a esta atividade • Apresentação dos alunos, respondendo às curiosidades de seus companheiros.

Dinâmica da atividade

1º O professor divide a sala em grupos.

2º Cada grupo disposto em uma mesa quadrada recebe uma toalha. Faz-se divisões com esferográfica ou pincel atômico em diagonal e se escreve uma pergunta em cada um dos triângulos formados.

3º À medida que se responde uma pergunta, roda-se a toalha, para que os alunos respondam a pergunta seguinte. Pode-se fazer um desenho que acompanhe a resposta.

4º Os alunos sublinham as respostas das quais gostaram mais ou que lhes chamaram a atenção.

5º Deverão ser compartilhadas para os alunos se conhecerem melhor. Quem deu as respostas sublinhadas se identifica.

Materiais: toalha de papel, esferográficas coloridas ou pincéis atômicos.

Tempo: uma aula.

5. Atividade para o 9º ano

Atividade 4: *Preparamos o encontro de todos*

Critério de avaliação

- Organizar-se e assumir responsabilidades no grupo.
- Mostrar entusiasmo por conhecer outras pessoas e por se fazer conhecer.

Conteúdos relativos a esta atividade

- Preparação do encontro do final da unidade de acolhida.

Dinâmica da atividade

1º Os alunos, com a ajuda do professor, pensam na preparação do espaço do encontro.

2º Organização dos diversos grupos responsáveis das atividades preparadas.

3º Distribuição de funções para o desenvolvimento do encontro: apresentador, organizador dos grupos, encarregado de cada um dos grupos participantes, música.

Materiais: cartolinas, pincéis atômicos, esferográficas, computador, projetor.

Tempo: três horas.

Planilha para a coleta de dados
Avaliação inicial
Ano: Nome:

Aspectos comuns a todos os cursos: registro de dados	
Critérios de avaliação	Observações (anotar em que atividade se observou)
1. Atividade em grupo • É organizado e assume responsabilidades no grupo. • Escuta e aceita as propostas dos outros, quando são diferentes das suas. **2. Respeito e relações** *Com os educadores:* • Mantém uma atitude de escuta. • Conserva uma atitude receptiva diante do educador quando... *Com os colegas:* • Integra-se melhor com os do mesmo/outro sexo. • Mostra respeito e se relaciona com todos. • Assume as responsabilidades que lhe competem. • Escuta e dá valor às iniciativas dos outros. *Com os equipamentos:* • Cuida dos espaços e do material comuns. • Conserva seus materiais limpos e ordenados. **3. Conhecimentos curriculares** • Escreve coerentemente frases concatenadas. • Lê em voz alta com fluência e velocidade adequada. • Domina as quatro operações básicas com agilidade. **4. Contexto sociofamiliar. Composição da família** • Papel de cada familiar em relação ao aluno. • Relações que mantém. **5. Atitude diante da atividade** • Mostra interesse e se integra na atividade. • Realiza as tarefas dadas. • Hábitos de trabalho. • Interesses que apresenta. • Responde ao apoio dado.	
Critérios de avaliação específicos de cada disciplina	
Resposta às necessidades	

Acompanhamento dos alunos

O orientador educacional, em sua função especialmente significativa/mediadora, conta ao longo do ano com um espaço específico para o diálogo, com o grupo e com cada aluno, sobre aspectos que dizem respeito ao processo de desenvolvimento pessoal que, certamente, é o autêntico e mais importante objetivo educativo.

O orientador deve estar atento para:

1. Conhecer o que o aluno está produzindo, o que está aprendendo e o processo que está construindo. Por isso, um aspecto fundamental do trabalho do orientador é fazer o acompanhamento tanto em nível escolar como em nível pessoal, posto que a aprendizagem está intimamente ligada ao que o aluno vive. Nesse processo de construção da pessoa, dois aspectos são de interesse especial:

    — A identidade pessoal. *Quem sou eu?* É uma das perguntas mais importantes às quais a pessoa vai ter que dar resposta ao longo de sua vida, e daquilo que responder vai depender seu equilíbrio emocional, pessoal.

    — As relações. O encontro positivo com o outro, a vivência da intimidade e da solidariedade.

2. Assumir, também, a função de coordenar o grupo de professores que incidem no processo de ensino-aprendizagem de um mesmo grupo.

3. Conhecer a realidade na qual o aluno vive e que muitas vezes é a chave para poder compreender o que lhe acontece e para buscar respostas.

4. Concatenar-se com outros profissionais externos à escola: trabalhadores sociais, voluntários, que complementam e realizam suas tarefas em coordenação com a escola através dos programas de absenteísmo, mesas socioeducativas e que abrangem uma visão dos alunos mais além do âmbito escolar.

Acompanhamento individual

Uma das funções do orientador educacional, a mais importante, consiste em realizar o *acompanhamento dos alunos, de cada aluno*. Este é na realidade o objetivo fundamental da orientação e dele derivam todas as ações que o orientador realiza para desenvolver as múltiplas funções que lhe são incumbidas.

Essa tarefa, de certo modo, se vincula à ação do professor, pois também ao professor de cada disciplina, em sua matéria, interessa fazer o acompanhamento da realidade do aluno. No entanto, a função do orientador é diferente, pois se trata de fazer o acompanhamento do aluno de forma global, olhando-o em seu conjunto: seu aproveitamento nos estudos, sua integração na escola, suas relações com os colegas e com os professores, sua satisfação ou insatisfação com o que está fazendo, seu comportamento em geral.

Estamos falando de um sujeito em fase de aprendizagem, de amadurecimento; mesmo que nossos alunos não sejam mais crianças, seu status é de estudante e isto está ligado a uma etapa de crescimento em todas as esferas.

É bom se dar conta de que, de todas as formas, exercemos influência neles. Nossa maneira de resolver os conflitos não passa despercebida para eles. Nosso comportamento, nossos gestos, nossos comentários agem como modelo e referencial para o presente e para o futuro, quer por imitação quer por diferença. O importante é estarmos conscientes do que fazemos, de como nossas relações e nossas mensagens apoiam seu crescimento e sua formação e, certamente, de que orientação lhes estamos dando, e se estão ajudando, para que realizem melhor seu processo de amadurecimento pessoal.

A seguir, apresenta-se um modelo de ficha para o acompanhamento individual dos alunos ao longo de sua permanência na escola.

Ficha de acompanhamento individual
Dados pessoais
Matrícula nº:
Nome:
Endereço:
Telefones:
Composição da unidade familiar:
Dados iniciais destacáveis:
Necessidades educativas:
Medidas educativas adotadas:

Entrevistas			
Quem	Data	Assuntos tratados	Resultados

Avaliações no 6º ano: *Notas e medidas adotadas*
Avaliação inicial:
1ª avaliação:
2ª avaliação:
3ª avaliação:
Observações:

▶

Avaliações no 7º ano: *Notas e medidas adotadas*
Avaliação inicial:
1ª avaliação:
2ª avaliação:
3ª avaliação:
Observações:
Avaliações no 8º ano: *Notas e medidas adotadas*
Avaliação inicial:
1ª avaliação:
2ª avaliação:
3ª avaliação:
Observações:
Avaliações no 9º ano: *Notas e medidas adotadas*
Avaliação inicial:
1ª avaliação:
2ª avaliação:
3ª avaliação:
Observações:

Acompanhamento do grupo

✓ *Coordenação da equipe educativa*

O grupo tem grande importância para os alunos adolescentes, porque são muitas as horas que passam juntos. São compartilhados os mesmos professores, os mesmos conteúdos, as mesmas problemáticas, as preocupações e os bons e maus momentos. Tudo isso faz que o grupo passe a ser um elemento essencial em seu processo educativo.

Ao orientador educacional e ao coordenador pedagógico cabem fazer o acompanhamento do grupo e coordenar a equipe de professores, isto é, a equipe pedagógica. E é precisamente a coordenação que acontece entre os professores, essa trama invisível aos olhos, mas real e absolutamente eficaz, que nos torna conscientes de que ao agir fazemos parte de um todo e que nossa atuação influi no seu bom andamento. Por isso, não tem sentido um trabalho individualista, pois faria com que a tarefa educativa perdesse eficácia.

A ação educativa exige um trabalho em equipe. É fácil entender que os professores não podem trabalhar independentemente, pois a tarefa educativa assim entendida é ineficaz e pode estar equivocada, se não se contar com outros dados. Dentro do âmbito escolar, é precisamente ao orientador educacional e ao coordenador pedagógico que, por função, compete colocar sobre a mesa, coordenar e tornar possível os aspectos educativos implicados no processo de aprendizagem e de crescimento dos alunos, integrando aspectos que não se circunscrevem exclusivamente a uma hora nem a uma área, mas que envolvem toda a equipe pedagógica e que se situam dentro e fora da sala de aula, em seus contextos de família, bairro etc.[7]

O aluno, além disso, vive outras situações, muitas vezes, inclusive sem o referencial do adulto. Se quisermos que nossa ação tenha uma continuidade fora do raio de ação da sala de aula, dever-se-á buscar uma coordenação com os adultos que estão presentes na vida dele.

As razões que fazem necessário o trabalho em equipe são:

1ª) *A complexidade dos alunos* obriga-nos a refletir conjuntamente. É muito importante que esse trabalho em equipe faça parte da cultura da escola, pois é uma forma de nos situarmos e de percebermos o trabalho educativo, a fim de que os professores possam dizer: "Aqui educamos desta maneira porque refletimos juntos, porque vamos construindo juntos uma forma de entender o trabalho educativo, porque nos colocamos de acordo e tomamos decisões que devem ser postas em prática, e nos empenhamos em caminhar todos juntos".

2ª) *As exigências sociais e familiares e suas influências sobre a ação educativa* são cada vez mais complexas, mais fugazes, mais multifacetadas... Precisamos dos olhos e das ideias de outros profissionais para poder ver mais e melhor as coisas, fazer diferentes leituras sobre a mesma realidade que constroem, bem como para que nos ajudem a nos sentirmos acompanhados e menos tensos. Não se pode viver na intempérie e cada um por sua conta.

3ª) *A superação pessoal e profissional*. Quanto mais tivermos sistematizado o trabalho em equipe, melhor poderemos realizar um caminho de inovação, melhoria, superação.

4ª) Porque somos uns dos muitos *adultos* que estão em torno do aluno, estamos *implicados em seu crescimento*: a família, grupos sociais de referência, meios de comunicação e escola, educadores sociais etc. – todos aqueles que estão perto e são responsáveis pela pessoa que está crescendo.

Num enfoque sistêmico, as ações que empreendermos em diferentes contextos terão repercussão em outras partes desse sistema e, se formos capazes de realizar uma ação que atue como eixo nos comportamentos dos alunos, a influência se dará com certeza.

Referindo-se ao âmbito escolar, esse trabalho só pode ser exercido pelo orientador e coordenador em equipe com os professores. Se hoje qualquer organização que esteja numa linha inovadora tem que pensar num trabalho em equipe, na Educação podemos ainda mais dizer que esse trabalho em equipe é uma condição indispensável, essencial, sem a qual a

---

[7] Navegando pela internet, encontra-se uma reflexão em torno da chamada "quinta disciplina", que diz que quando os educadores trabalham de forma coordenada, inter-relacionada, realizando uma tarefa mais eficaz, pela sinergia de suas ações, conseguem nas aulas, nos grupos com os quais trabalham, muito mais que com a ação individual, porque atrás dessa ação acontecem "tramas invisíveis de atos pessoais e inter-relacionados".

escola não poderá dar uma resposta adequada às necessidades dos alunos e, também, ao contexto no qual se desenvolve sua ação.

Plano de Ação Escolar

O Plano de Ação Escolar é a sistematização de todas as ações educativas que a equipe docente tem que realizar com cada grupo de alunos, orientado pelo coordenador pedagógico. As razões dessa sistematização são:

1. A tarefa educativa não pode ser entendida de outra forma que não seja como um processo. Não é, portanto, a soma de atividades, por mais bem planejadas que estejam, mas se trata de uma intervenção que visa a todo o processo do aluno. A aprendizagem, o crescimento, não se constrói aos saltos nem ao acaso, e, por isso, é preciso garantir o processo através de ações progressivas.

2. A progressão terá sua expressão tanto nos objetivos e nos conteúdos que formularemos de maneira gradual, como nos critérios de avaliação e nas unidades de experiência que se adaptarão aos ritmos e às situações de cada grupo e de cada aluno, através de algumas atividades projetadas, como experiências para os estudantes.

3. Precisamente, é essa sistematização que permitirá fazer o acompanhamento objetivo de nossa proposta e apresentar alternativas de inovação e melhoria.

4. A metodologia terá que ser coerente com os objetivos de relação que se pretendem. Portanto, fomentar-se-á o trabalho cooperativo, a discussão e o debate, a ajuda entre colegas e tudo aquilo que ponha o aluno como protagonista e elemento ativo, procurando que busque, que pesquise e que aprenda em relação com os outros.

Ao professor resta exercer o papel fundamental de preparar e orientar a experiência, os materiais, o espaço, o modo como vai fazer, de tal maneira que, estando no meio da tarefa, veja e ouça mais o aluno, sendo ele um mediador que observa, reúne, dá pistas e explicações para que esse aluno aprenda fazendo.[8]

Programação do orientador

O ponto de partida para que todos os professores se empenhem na mesma tarefa são as propostas educativas refletidas no Projeto Educativo que se concretizam na programação do orientador ao longo do curso. Essa programação abrange diversos âmbitos: ações com os alunos, com os professores e com a família, em nível individual e em nível grupal.[9] Embora essa seja uma tarefa de responsabilidade do orientador, todos os professores estão implicados na consecução dos objetivos educativos e, portanto, é preciso que o trabalho do orientador seja conhecido e apoiado por todos.

A programação se desenvolve através de algumas unidades centradas no conhecimento inicial, e também de outras que favoreçam a integração pessoal e social na escola e com os outros, por exemplo, sobre:

---

[8] BLANCHARD, M.; MUZÁS, M. D. Op. cit.
[9] Ibid. Programação concreta. Caderno III. Materiais de apoio.

— Escolha do encarregado pelo Plano Educativo.

— Determinação das normas de convivência.[10]

— Desenvolvimento de habilidades sociais.

— Desenvolvimento da autoestima etc.

Essas unidades conseguem seu efeito segundo a intencionalidade que se propõe, segundo o enfoque e o modo como se conseguem viver as relações; em suma, de acordo com a forma como o orientador e os demais professores se identificam com os objetivos propostos e, também, como contribuem para criar um clima de relações positivas, para tentarem tirar o melhor de cada um dos alunos, para que cada um deles tenha um lugar na sala de aula e para estarem presentes nas situações de conflito.

Objetivamente, tanto as reuniões de avaliação como as reuniões da equipe docente são um momento de reflexão para que professores e alunos façam um balanço do processo seguido e do produto alcançado, a fim de comprovarem o que aconteceu nesse trajeto e refletirem se as estratégias empregadas são adequadas ou não.

Se o processo foi satisfatório, os alunos receberão um reforço positivo que normalmente alimenta o desenvolvimento de uma autoestima também positiva e que os fazem se sentir capazes de alcançar novos desafios, pois a "nota" é o juízo que os professores fazem sobre o aluno. Porém, não se pode deixar a continuação do processo nas mãos do estudante.

A adolescência é etapa de integração de muitas experiências importantes para os alunos e que podem desviar sua atenção do acadêmico. Para muitos deles, a avaliação é uma experiência amarga, vivida como uma ameaça, pois se coloca em questão seu esforço e seu compromisso acadêmico, atingindo sua autoestima. É necessária, nessa hora, a presença de adultos importantes para eles – pais e professores –, que os acompanhem na recuperação da nota com estratégias que o ajudem a se superar com novo esforço e lhe deem o apoio de que precisam. Se isso não for assim e o aluno só contar com sua força de vontade, ser-lhe-á difícil superar esse momento.

Defrontamo-nos com situações muito diferentes, que podem ir desde o simples desânimo até medos para enfrentar o juízo dos adultos. Fruto dessas situações são as fugas de casa por medo da reação paterna, bem como o "jogar a toalha", integrando-se num bando ou assediando companheiros por inveja ou pela necessidade do destaque que lhe é negado em seu processo acadêmico.

Daí a importância do trabalho do orientador antes e depois das reuniões de avaliação:

— Com os *alunos*, para ajudá-los a realizar processos legítimos de autoavaliação.

— Com os *professores*, para pensar em ações de auxílio aos alunos.

— Com a *família*, para que dê o justo valor à avaliação e conte com o apoio e as estratégias de ajuda para que o aluno possa continuar caminhando.

Sejam quais forem os resultados, procurar-se-á enviar ao aluno uma mensagem de aceitação pessoal e de possibilidade de superação.

---

[10] Ibid. Unidades didáticas elaboradas. Caderno III.

Unidade didática sobre o respeito nas relações

A seguir, apresentamos um exemplo de Projeto, resultado de um trabalho realizado em um seminário de professores. O projeto surgiu quando se detectou um problema nas relações entre os alunos, uma vez que, com frequência, os professores se defrontavam com o fato de os alunos ficarem na saída da escola para brigar ou aconteciam situações de assédio ou maus-tratos dentro da sala de aula ou no pátio.

Além da intervenção dos professores no momento em que isso ocorria, era preciso uma reflexão mais ampla que ajudasse a compreensão desse problema, que ocorria cada vez com maior frequência.

Decidiu-se elaborar um programa de desenvolvimento de valores que partisse das necessidades observadas nos alunos, para definir aqueles que pudessem gerar um comportamento alternativo, através da intervenção nos três componentes das atitudes: cognitivo, afetivo e comportamental. O processo que se seguiu foi o que aparece no esquema seguinte:

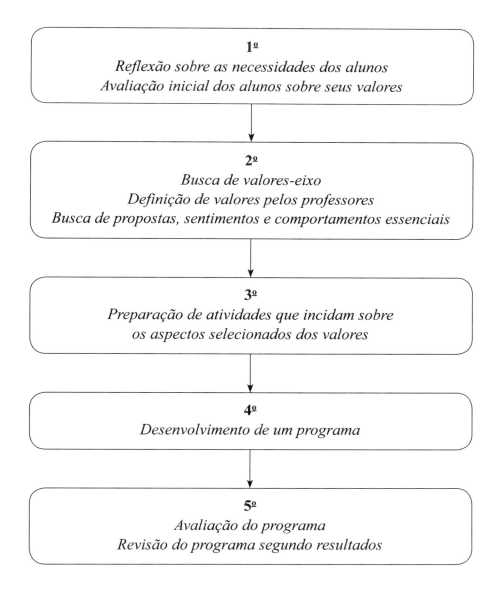

Com o objetivo de entender as atitudes a partir da prática e poder influir nelas, definimo-las como a predisposição adquirida para agir de um determinado modo diante de certos estímulos. A atitude é como um mediador psíquico entre o estímulo (indivíduos, situações, problemas sociais etc.) e a resposta. Pode-se manifestar mediante uma afirmação, uma ação, uma reação nervosa etc.

Da detecção de necessidades e da reflexão sobre os componentes das atitudes se passou a buscar os valores-foco e a estabelecer em torno deles outros valores nos quais também se devia incidir e com os quais estão conectados. Uma vez que se chegou a essa conclusão, já se estava em condição de elaborar materiais que incidissem onde os professores queriam atuar.

O passo seguinte consistiu na formulação de uma unidade didática com seus objetivos, conteúdos, critérios de avaliação e atividades, para colocá-la em prática com os alunos.

Por sua capacidade de trabalhar valores em rede, o Projeto tinha como tema fundamental o respeito entre companheiros e com os adultos, tendo presente, além disso, a solidariedade, a tolerância, o valor da comunicação e a responsabilidade pessoal e dos outros. Na base desses valores estava o próprio reconhecimento pessoal, o autoconceito e a autoestima.

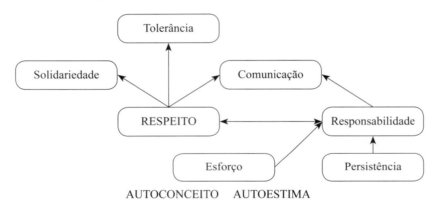

Por que o *respeito*? Na detecção de necessidades, os professores constatavam uma deterioração dos comportamentos relacionados com o respeito e observavam frequentemente atitudes não solidárias, falta de aceitação pessoal e do próximo, relações negativas, falta de diálogo, ameaças, pressões, submissões e situações de violência que se tornavam particularmente duras entre os colegas. Os comportamentos percebidos eram:

- Gestos e palavras ameaçadores. Expressões como "na saída eu te pego", que se transformavam, às vezes, em autênticas brigas.

- Brigas para demonstrar força e superioridade, fundamentalmente diante dos fracos ou diante dos que têm determinadas características que não lhes agradam. Às vezes, buscam precisamente aqueles que não gostam de brigas ou são psicologicamente mais fracos, embora tenham maior porte físico.

- Muita dificuldade em pedir desculpas e pedir perdão.

- Não "veem" os outros quando andam pelas calçadas, não dão passagem.

- Falam ao mesmo tempo, sem esperar a própria vez e de maneira agressiva.

- Respondem de forma pouco adequada tanto a seus companheiros como aos professores, com gestos e frases depreciativos.

Como atrás dessas atitudes costuma haver dificuldades no próprio reconhecimento pessoal, era preciso trabalhar o autoconceito e a autoestima, reconhecer os próprios valores como primeiro passo, favorecer a segurança pessoal e possibilitar o reconhecimento dos valores dos outros, a estima dos outros e, como consequência, o respeito. A partir do trabalho da equipe de professores, pôde-se concluir que:

- As mudanças que se percebem na sociedade de maneira tão vertiginosa pedem um educador capaz de estar atento aos alunos e de descobrir neles os aspectos positivos e os valores ou contravalores que vivem.

- A especialização dos professores das diferentes disciplinas (música, língua, tecnologia, informática, psicopedagogia, religião, história...) favorece a riqueza das atividades propostas.

- Valia a pena fazer uma reflexão educativa em grupo que permitisse dar voz às preocupações e desejos dos educadores. Essa reflexão ajuda a deixar de lado os tópicos e clichês em torno dos problemas de nossos alunos, buscando modos criativos e novos, mais de acordo com uma atitude educadora.

- Ao ter elaborado o Projeto com as contribuições de todos os participantes, a reflexão educativa resultava mais própria e facilitava uma implicação maior e melhor.

Esse tipo de experiências ajuda a manter a reflexão compartilhada que a tarefa educativa exige e também a forte motivação num trabalho tão desafiador como é o do educador.[11]

Unidade didática:
"Você é valioso! Eu também sou!"
Área: Orientação educacional e coordenação pedagógica
Unidade didática: Você é valioso! Eu também sou!
Nível: Ensino Fundamental II   Tempo: doze semanas.
Objetivos da unidade
• Reconhecer em si mesmo os valores destacados dentro do contexto familiar. • Identificar em sua família aspectos ou traços característicos e valorizá-los. • Identificar em si mesmo as capacidades e valores que tem. • Descrever-se aos seus companheiros destacando alguns valores positivos, com o objetivo de reconhecer-se e aceitar-se mutuamente. • Tomar consciência da mudança que vai acontecendo em seu modo de pensar. • Identificar e distinguir valores ou contravalores de respeito, solidariedade, tolerância, autoestima e comunicação na publicidade, no cinema e nos meios de comunicação. • Reconhecer os valores que são trazidos por outras culturas.

---

[11] Algumas das atividades que aparecem na unidade a seguir foram tiradas do livro de BRUNET, J. J.; NEGRO, J. L. *Tutoria parc adolescentes*. Madrid: S. Pío X, 1984.

Conteúdos
Conceituais
- Autoconceito e autoestima.
- Descrição de pessoas e suas características que devem ser levadas em conta.
- Identidade pessoal e valores.
- Relações interpessoais. Comunicação e diálogo.
- As normas, como meio para controlar os comportamentos.
- A família, cenário do crescimento e das primeiras experiências facilitadoras.

Procedimentais
- Descrição de si mesmo em todos os aspectos para perceber os pensamentos negativos e transformá-los em positivos.
- Elaboração de listas de aspectos positivos de si mesmo e dos outros. Identificação de valores nas músicas e na publicidade.
- Desenvolvimento de um processo de interiorização.
- Diálogo.
- Normas e modos de organização para o trabalho em grupo.
- Descrição do tipo de diálogos internos ao longo do dia: o que pensa e que sentido tem, positivo ou negativo.

Atitudinais
- Valorização pessoal e destaque dos aspectos positivos.
- Valorização dos outros.
- Respeito no transcurso dos debates e valorização das posturas dos outros.
- Valorização da família como espaço para ser alguém e crescer.
- Percepção dos valores dos outros.
- Satisfação com as valorizações positivas que outros fazem.
- Dificuldades na valorização pelas condições das pessoas: sexo, etnia, religião.
- Respeito aos valores que cada um detecta nos outros. |

Atividades	
I. Autoestima e autoconceito	
1. A influência familiar.	4. Você vale muito.
2. Minhas raízes.	5. Constelação de símbolos.
3. Eu sou assim.	6. A ideia de você mesmo em evolução.

II. Como vemos os outros?	
7. Faça-se valer.	10. O caso de Beltrano.
8. O espelho.	11. O caso de Sicrano.
9. A família de Fulano.	12. Debate sobre casos concretos de agressão.
III. Nossas atitudes diante dos outros	
13. Audição e comentário de canções sobre valores: *Imagine* (de John Lennon), *Tente outra vez* (de Raul Seixas/Paulo Coelho/Marcelo Motta); *Miséria no Japão* (de Pedro de Luís), *Cidadão* (de Lúcio Barbosa).	
14. Projeção de filmes: *Hotel Rwanda*,[12] *Escritores da liberdade*,[13] *A cor púrpura*.[14]	
15. Valores e contravalores que a publicidade transmite.	
IV. Melhoramos nosso modo de nos relacionarmos. O trabalho em equipe	
16. Nosso modo de nos relacionarmos.	
17. Jogo de mistério.	
18. Jogos de lógica para realizar individualmente e discutir em grupo.	

Nas páginas seguintes são desenvolvidas as atividades 1, 2, 3, 4, 5, 6, 12 e 13 correspondentes às atividades: I. Autoestima e autoconceito; II. Como vemos os outros?; III. Nossas atitudes diante dos outros.

I. Atividades de
AUTOESTIMA E AUTOCONCEITO

A influência familiar
Conteúdos relativos a esta atividade • Influência da família. • Valorização da família e das relações que se mantêm com cada um.
Dinâmica da atividade 1. Tarefa individual: trazer, para o presente, o pai e a mãe e recordar as definições que fizeram para cada um deles. 2. Colocar por escrito, recordando o mais fielmente possível, frases que cada um disse e deduzir o que influenciou na forma de ser. 3. Se for o caso, compartilhar aquilo que foi considerado positivo.
Materiais: folha de atividade.   Tempo: uma aula.

---

[12] *Hotel Rwanda* (*Hotel Rwanda*). Direção: Terry George, Itália/África do Sul/EUA, 2004.
[13] *Escritores da liberdade* (*Freedom writers*). Direção: Richard Lagravenese, EUA/Alemanha, 2007.
[14] *A cor púrpura* (*The color purple*). Direção: Steve Spielberg, EUA, 1985.

Minhas raízes
Conteúdos relativos a esta atividade • Valorização familiar. • Reconhecimento de nossas raízes: como somos e por quê, quem nos influencia.
Dinâmica da atividade 1. Reflexão por parte do professor sobre as influências familiares através das gerações: traços que permaneceram, traços que desapareceram, com quem nos parecemos. 2. Fazer uma pesquisa com os membros da família com perguntas preparadas antecipadamente: o que faziam na nossa idade, onde viviam, gostavam de quê, que profissões tinham... 3. Compartilhar fotos, a árvore genealógica, fotos dos diferentes membros da família.
Materiais: pesquisa, esquema para fazer uma árvore genealógica, fotos, folha para colocar por escrito observações, impressões.
Tempo: uma aula.
Eu sou assim
Conteúdos relativos a esta atividade • Identidade pessoal e valores. • Destaque dos aspectos positivos e da autoestima.
Dinâmica da atividade 1. Reflexão por parte do professor em torno de um enfoque positivo da vida e captação do lado bom da vida. Conversa com os alunos, fazendo que percebam seus diálogos interiores e, também, o diálogo com os outros, examinando se são positivos ou negativos e como influenciam em sua conduta. 2. Com uma lista de qualidades, dar nota de 1 a 10, sendo o 1 aquilo que consideramos menos positivo e o 10, o mais positivo. 3. Compartilhar as descobertas, se for o caso.
Materiais: folha da atividade.   Tempo: uma aula.
Você vale muito
Conteúdos relativos a esta atividade • Exteriorização dos próprios pensamentos. • Análise do que pensa de si mesmo.

Dinâmica da atividade:

1. Motivação da atividade: o importante não é o que os outros pensam sobre mim, mas o que penso sobre mim e como me situo diante disso.

2. A partir de algumas perguntas, fazer a descrição de si mesmo.

3. Dar algumas explicações para analisar as próprias descrições e descobrir aquelas pouco adequadas para transformá-las em adequadas.

4. Quem quiser poderá ler em voz alta algumas das descrições que fez sobre si mesmo. Em todas as ocasiões, buscar-se-á o respeito aos outros.

Materiais: folha de atividade.   Tempo: uma aula.

Constelação de símbolos

Conteúdos relativos a esta atividade

- Capacidade para identificar os valores dos outros.
- Apreciar as valorizações positivas que outros fazem.

Dinâmica da atividade

1. O professor introduz a atividade fazendo considerações sobre a necessidade de olhar positivamente os outros e o benefício pessoal que isso traz.

2. Divide-se a classe em grupos de seis pessoas.

3. Dentro de cada grupo, dá-se um tempo durante o qual se realiza um trabalho individual de observação para descrever as qualidades que foram vistas nos outros. Faz-se um desenho ou se escreve uma frase em um papel para entregar para a pessoa.

4. Dentro de cada grupo, cada aluno explica o que viu nos outros.

5. Partilha-se entre todos os grupos, dizendo em voz alta o que se descreveu dos outros, ou o que gostou do que disseram de si mesmo.

Materiais: cada aluno deverá ter folhas suficientes para descrever cada um dos companheiros do grupo.

Tempo: uma aula.

A ideia de você mesmo em evolução

Conteúdos relativos a esta atividade

- Reconhecimento da ideia que alguém tem de si mesmo.

Dinâmica da atividade

1. O professor introduz a atividade fazendo considerações em torno das mudanças que uma pessoa vai percebendo em si mesma e como essa ideia tem a ver com o modo como se vê e os outros o veem, e com o modo como se via antes e se vê agora.

2. Trabalho individual: cada aluno escreve na folha da atividade as pessoas importantes em sua vida.

3. Partilha: quem quiser, lê em voz alta o que escreveu.

Materiais: folha da atividade.   Tempo: uma aula.

II. Atividade sobre
COMO VEMOS OS OUTROS?

Debate sobre casos concretos de agressão
Conteúdos relativos a esta atividade • Os valores detectados nos outros. • O diálogo. • Colocar-se na pele do outro e compreender o que ele pode sentir.
Dinâmica da atividade 1. Dividir a classe em grupos que realizarão um RPG (*role playing game*, jogo de interpretação de personagens) de casos de alunos da escola que foram agredidos por seus companheiros. Em cada grupo se escolhe uma ação de assédio, e se dividem os papéis: alguns fazem papel de agressores, outros de vítimas, outros de espectadores. 2. Encenar cada um dos casos. 3. Debater cada um dos casos: antecedentes e razões da agressão, como se comportam os companheiros e por quê, modo de solução de cada caso... Valores e contravalores que aparecem. Expressar o que e como cada um se sente no papel que escolheu. Refletir sobre nossas atitudes diante das pessoas agredidas e diante dos agressores.
Materiais: os que forem precisos para a representação e para o debate.
Tempo: uma aula.

III. Atividades sobre
NOSSAS ATITUDES DIANTE DOS OUTROS

Audição e comentário da canção *Imagine* (de John Lennon)
Conteúdos relativos a esta atividade • Valores da solidariedade e da responsabilidade. • Identificação de valores nas canções. • Desenvolver esses valores ao longo da atividade, respeitando as intervenções dos companheiros, participação ativa etc.
Dinâmica da atividade 1. Escuta e leitura da canção. 2. Reflexão individual ou em grupo sobre as mensagens que a canção quer transmitir seguindo as atividades. 3. Partilha e debate. Elaboração de cartazes.

▶

Materiais:

- Letra da canção com atividades.
- CD com as canções.

Tempo: uma aula (se forem fazer os cartazes: duas aulas).

Audição e comentário da canção
Tente outra vez (de Raul Seixas/Paulo Coelho/Marcelo Motta)

Conteúdos relativos a esta atividade

- O valor da autoestima.
- Identificação do valor da autoestima na canção.
- Respeito por todos os companheiros.

Dinâmica da atividade

1. Escuta e leitura atenta da canção.
2. Reflexão individual ou em grupo sobre a mensagem ou as mensagens que são transmitidas na canção, seguindo as atividades propostas.
3. Compartilhar. Intercâmbio de experiências pessoais.

- O que você sentiu ao escutar a música?
- O que acredita que os autores da canção quiseram refletir?
- O que a canção sugeriu a você?
- Conhece alguma situação semelhante?
- Está de acordo com o conteúdo da canção, com o que propõe ou denuncia?

Materiais: letra da canção e CD. Tempo: uma aula.

Audição e comentário das canções *Miséria no Japão*, (de Pedro Luís)
e *Cidadão* (de Lúcio Barbosa)

Conteúdos relativos a esta atividade

- Os valores da tolerância e do respeito.
- O problema da xenofobia e do racismo.
- Identificação dos valores nas canções.
- Rejeição de atitudes contrárias a estes valores.
- Valorização da diversidade das raças.
- Reconhecimento da necessidade da integração de todos fazendo parte de um povo comum.

> Dinâmica da atividade
> 1. Escuta e leitura atenta das canções.
> 2. Reflexão individual ou em grupo sobre as mensagens das canções, seguindo as atividades propostas.
> 3. Partilha e debate.
>
> Materiais: CD e letras das canções.   Tempo: uma aula.

Entrevistas

A entrevista é o momento do encontro com o outro, de "caminhar com" não "diante de", tendo em conta que o outro é um adolescente, um adulto ou um pai. Em suma, uma pessoa. Alguém a quem neste contexto se está dizendo: *"Você é importante. Vale a pena falar com você. Interessa-me o que você vai me contar. Dê-me suas razões, eu as escuto"*.

Quando falamos da entrevista, estamos nos referindo tanto à que se realiza com os alunos como com os pais e professores. Como o objetivo de cada uma é diferente, a entrevista tem características diferentes dependendo da pessoa a quem se dirige.

Não é qualquer encontro com o aluno ou com o pai. É um encontro estruturado, planejado e com conteúdos definidos, cujo propósito é ajudar o aluno em seu desenvolvimento integral, implicando ativamente, nesse processo, ele e a família. Isto é, não é a resposta imediata a um problema. Quando não há o espaço e o momento adequados, é preferível deixá-lo para outra ocasião mais propícia.

Entrevistar, portanto, não é somente:

- Oferecer ou colher informação, por mais útil que esta possa ser.
- Dar conselhos, sugestões, advertências ou recomendações, por mais sábios que sejam os conselhos e muito necessárias as recomendações.
- Procurar influenciar manifesta ou veladamente o comportamento, as atitudes ou os valores do aluno, sem implicá-lo, na medida de suas possibilidades, numa busca pessoal.

Em toda entrevista deve acontecer:

- *A busca de uma relação interpessoal e dinâmica.* Significa um encontro face a face – nem sempre numa única direção –, em que se produz uma comunicação dinâmica. Não podemos chamar de entrevista uma situação na qual, por exemplo, o orientador fala com o aluno para lhe fazer alguma advertência, sem mais nada. A entrevista implica escuta, comunicação de ida e de volta.
- *Uma situação profissional estruturada.* Implica a presença de uma pessoa preparada para realizar esse tipo de relação. Não se refere à série de situações informais nas quais nos relacionamos e nas quais também pode acontecer uma relação de ajuda.
- *A formulação de um objetivo explícito.* Nesse caso, refere-se à ajuda ao desenvolvimento integral do aluno. E isso exige do orientador uma postura clara com relação não somente ao objetivo final, mas também aos aspectos que fazem referência a esse objetivo.

- *A implicação do aluno em seu processo*. O orientador tem que estar muito consciente de que, na verdade, é o aluno quem deve tomar decisões em seu processo de desenvolvimento.

Oferecemos, a seguir, orientação para uma entrevista, que o educador deverá adaptar de acordo com a dificuldade do aluno e com o objetivo dela.

Entrevista familiar
I. Dados de identificação
Nome do aluno: Nome e vinculação da pessoa que assiste à entrevista: Endereço: Bairro: Telefone: Lugar de nascimento: Se o aluno vem de outro país ou cidade: Quando a família chegou à cidade? De que forma? Quando o aluno chegou e com que idade? Que parentes mais próximos ficaram no lugar de origem? Veio à cidade por motivos: Econômicos ☐   Religiosos ☐   Políticos ☐   Familiares ☐   Outros ☐ Projeto: Ficar ☐   Voltar para o lugar de origem ☐   Não decidiu ☐
II. Dados familiares
Tipo de união do casal: Casados ☐   Parceiros ☐   Pai/mãe viúvo/a ☐   Separados ☐ Núcleo familiar Número total de irmãos: Lugar que o aluno ocupa: Formação da mãe: Ensino Fundamental ☐   Ensino Médio ☐   Superior ☐ Formação do pai: Ensino Fundamental ☐   Ensino Médio ☐   Superior ☐ Situação profissional da mãe: Trabalha ☐   Em quê. Situação profissional do pai: Trabalha ☐   Em quê. Horário de trabalho: Manhã ☐   Tarde ☐   Noite ☐
III. Dados da moradia familiar
Têm casa própria? Sim ☐   Não ☐ A família vive só ou com outras famílias ou parentes? Quantos quartos tem a casa? O aluno tem seu próprio quarto? Quantas pessoas compartilham o mesmo quarto com o aluno?

IV. Dados do aluno fornecidos pelos pais

1. Grau de satisfação do aluno na escola

    Seu filho está contente na escola, com os professores, com os companheiros? Sim ◯   Não ◯

    Seu filho tem algum medo? Qual?

    O que o seu filho espera desta série?

    Seu filho sente-se aceito por seus professores? Sim ◯   Não ◯

    Seu filho sente-se aceito por seus companheiros? Sim ◯   Não ◯

    Vocês procuram a escola para dialogar com o orientador de seu filho? Sim ◯   Não ◯

2. Relações

    O aluno tem amigos na escola ou em outros lugares de convívio?

    Vocês os conhecem?

    Saem durante a semana? Quanto tempo?

    E nos fins de semana?

    Sabem sempre onde está seu filho?

3. Expectativas

    Ele gosta de estudar e aprender?

    Acredita que seu filho é capaz de estudar e ser aprovado neste ano? (pergunta ao pai e à mãe).

    Gosta de quais disciplinas? De quais não gosta?

    Acredita que ele pode ou quer continuar estudando depois do Ensino Fundamental? Pensou em quê? (opinião do pai e da mãe).

    A maior dificuldade que seu filho encontra em seus estudos é:

    Ele pensa em que vai dedicar-se no futuro?

    Do que ele gostaria para este ano? Tem algum desejo especial?

    O que pensa dele mesmo?

    O que ele acha que os professores pensam dele?

    O que ele acha que os companheiros pensam dele?

    O que vocês pensam dele?

4. Tempo e lugar para o estudo

    Você está em casa, quando seu filho retorna da escola? Há também outro adulto? Sim ◯   Não ◯

    Sabe o que seu filho faz depois das aulas? Sim ◯   Não ◯

    Consulta a agenda para saber o que tem para fazer todos os dias? Sim ◯   Não ◯

    Controla o estudo de seu filho? Durante o estudo ◯   No final do estudo ◯

    Seu filho tem alguma responsabilidade em casa depois das aulas?

    Quanto tempo emprega no estudo? Menos de 1 hora ◯   Menos de 2 horas ◯   Mais de 2 horas ◯

    Há em casa um lugar para estudar? Sim ◯   Não ◯   Qual?

Entrevista com o aluno
Nome do aluno:
Ano e sala: Orientador:
A entrevista será feita tendo a ficha do aluno à mão para verificar como ele a preencheu.
I. Preenchimento dos dados da ficha
Dados que conhece e os que desconhece e por quê.
II. Grau de satisfação no começo do ano na escola
Você está contente na escola, com os professores, com seus companheiros? Você tem algum medo? Qual? O que espera deste ano? Você se sente aceito pelos seus professores? Você se sente aceito pelos seus companheiros? Observações:
III. Expectativas
Você gosta de estudar e de aprender? Acredita que é capaz de estudar e ser aprovado para o ano seguinte? Pensa em continuar estudando depois do Ensino Fundamental? Já pensou em quê? A maior dificuldade que encontra é: No futuro, em que você pensa trabalhar? Há alguém em casa ou você fica sozinho, depois das aulas? Do que você gostaria para este ano? Tem algum desejo especial? O que pensa de si mesmo? O que os professores pensam de você? O que os seus companheiros pensam? O que sua família pensa? Observações:
IV. Tempo e lugar para o estudo
Você tem alguma responsabilidade em casa, depois das aulas? Quanto tempo você dispõe para o estudo? Em que momentos? Há um lugar para estudar em casa? Qual? Quando seus pais chegam do trabalho? Você fica sozinho em casa ou fica com algum adulto? Observações:
V. Auxílio que você acredita que vai precisar
VI. Orientações

Plano de Atenção à Diversidade

O objetivo fundamental do Plano de Atenção à Diversidade é conseguir que todos os alunos se sintam incluídos e atendidos, tendo em conta suas capacidades e com o propósito de favorecer seu desenvolvimento.

Para este fim, a elaboração desse plano propõe que se identifiquem e se definam as medidas que serão tomadas nas escolas, de maneira que seja um momento de reflexão dos professores para que levem em consideração as diferenças e para que as decisões não sejam deixadas somente nas mãos da equipe pedagógica. Os alunos que chegam a uma escola são responsabilidade de todos e todos devem tomar decisões sobre o que lhes diz respeito.

A postura que foi tomada nas escolas ao longo dos anos mostra que se colocava o foco da atenção num contexto natural, como são a aula e a programação diária. Atualmente, são consideradas circunstâncias fora do contexto da aula, mais próximas às medidas extraordinárias e compensatórias, realizadas com os alunos que têm necessidades educativas especiais.

De modo geral, não ocorreu uma mudança com relação às medidas metodológicas e de avaliação que situem as respostas no âmbito ordinário. Pelo contrário. Foram sendo introduzidas medidas em relação à organização da escola mediante agrupamentos mais ou menos flexíveis, desdobramentos, apoios ou grupos de compensação, mas sempre com modos homogeneizadores de trabalhar com os alunos ou, então, propondo trabalho diferente para os que se situam acima ou abaixo do currículo, sem conseguir a integração da diversidade na programação.

Também não se entendeu a adaptação curricular de alguns alunos como algo integrado na programação, nem, em muitos casos, se compreendeu a dimensão avaliadora com referência ao próprio desenvolvimento dos alunos.

Agora, a inclusão é um tema em pauta, e, por isso, é preciso retomar o tema da diversidade em outras propostas. Essa nova atenção à diversidade que a escola precisa ter e que foi incrementada com a *diversidade cultural* é uma oportunidade para alcançar o objetivo da inclusão, antes que seja atendida com os mesmos enfoques e com as mesmas medidas que os alunos com necessidades educativas especiais. Estamos em tempo de:

- Valorizar a diversidade, descobrindo as variadas capacidades de nossos alunos e indagando os conhecimentos que têm, fruto de uma realidade na qual cresceram e de um sistema educativo diferente do nosso.

- Mudar para um enfoque intercultural, para diversas sensibilidades ou modos de se situar diante da realidade.

- Modificar o paradigma educativo para um paradigma interativo, em que o aluno tenha um papel mais ativo através de uma metodologia experimental e em que professores e alunos aprendam mutuamente.

- Introduzir paulatinamente medidas em nível de escola e de sala de aula que permitam dizer na prática que "aqui há lugar para todos".

Plano de convivência

A proposta de um plano de convivência específico por parte da administração nasce da necessidade de garantir que toda a comunidade educativa reflita sobre o tema de modo intencional e busque estratégias, medidas, atividades que alcancem esses objetivos.

Quando uma escola se propõe conhecer seus alunos desde que iniciam o curso para lhes dar a resposta mais adequada, colocá-los em relação, criar um clima de participação e compromisso com o resto dos alunos e fazer seu acompanhamento, a partir de uma proposta não somente curricular, mas também de crescimento de todas suas capacidades, precisa cumprir vários requisitos.

A escola que os cumpre deverá elaborar seu plano de convivência tendo presente o que realiza, sem introduzir nada em paralelo, mas integrando-o no processo de ensino-aprendizagem. Não deve acrescentar nem suprimir ações, mas fazer o que já faz, apurando cada vez mais, cuidando da formação dos professores e coordenando as forças dentro da própria escola e com outras instituições que almejam o mesmo objetivo.

Embora teoricamente todos os professores estejam de acordo com a importância da *boa convivência*,[15] dever-se-ia refletir se as escolas consideram isto como um objetivo educativo que deve ser conseguido ou como uma condição de partida.

O fomento da educação e da cultura de paz (UNESCO)[16] é mais uma mostra de como o tema da violência é uma preocupação que todos os cidadãos devem ter, sobretudo, no mundo educativo.

No relatório da UNESCO da Comissão Internacional sobre a educação para o século XXI,[17] observa-se:

> [...] *a necessidade de que os alunos aprendam na escola a conviver, conhecendo melhor os outros e criando um espírito novo que impulsione a realização de projetos comuns e a solução pacífica e inteligente dos conflitos. Esta é também uma preocupação dos cidadãos que valorizam como uma das qualidades mais importantes a adquirir ao longo da escolaridade obrigatória a de ser um bom cidadão, isto é, a capacidade para exercer direitos e deveres, aprendendo a respeitar os outros.*

O fato de que boa parte dos professores tem sérias dificuldades para dar aulas e de que as relações entre colegas se tenham deteriorado a ponto de agredir física e psicologicamente seus companheiros, torna-se necessário que os professores tomem medidas educativas, amplas e específicas nesse sentido a partir de dentro da escola.

---

[15] Manuel Segura, em seu relatório "Ensinar a conviver não é tão difícil" (Congresso "Disrupción en las aulas"), afirma que: "A raiz do problema da violência está clarissimamente indicada por Gardner, em sua teoria das inteligências múltiplas, ao recordar que a inteligência interpessoal, a que precisamos para nos relacionar bem, está nos lóbulos pré-frontais, na parte de nosso cérebro que foi a última a se desenvolver, na evolução (Barcelona: Ariel, 1994, pp. 49-50)... Podemos afirmar certamente que, para formar pessoas, precisamos educar os jovens e os adultos neste triplo campo mencionado: o cognitivo, o emocional e o moral... Os três fazem falta. Se conseguirmos educar bem nos três, então as habilidades sociais, entendidas como assertividade, isto é, como eficácia e justiça, fluirão sem esforço".

[16] Sobre o assunto ver <http://www.unesco.org/new/pt/brasilia/special-themes/preventing-youth-violence/>.

[17] No Brasil, o relatório da UNESCO, trabalho coordenado por Jacques Delors, foi editado em livro sob o título *Educação: um tesouro a descobrir*, pela Cortez. Citação foi traduzida do espanhol.

Existem programas (como *Abrindo espaços: educação e cultura para a paz* e os temas da Campanha da Fraternidade) que dão sugestões para a elaboração desses projetos; além disso, há iniciativas criadas pelas próprias escolas e programas elaborados para os professores que queiram levá-los à prática em suas aulas.

Com a elaboração de um plano de convivência dentro da escola, se dá grande importância ao que acontece nas salas de aula, fazendo com que os próprios professores intervenham, porque é algo que lhes compete, conscientizando-os para que não minimizem uma situação grave e pensem em medidas amplas e específicas para quando alguém utilizar o assédio e a violência contra seus colegas. Ao mesmo tempo, promove-se a implicação das famílias e dos alunos, isto é, de toda a comunidade educativa, que deve buscar soluções onde está a origem, com a ajuda e a coordenação de todos.

III

Quando o conflito aparece

- Diante da ruptura das relações

    Reconhecer o ciclo do conflito
    Observação do comportamento dos professores
    Recursos e protocolos quando se detecta o assédio
    Guias para a intervenção
    Análise de casos de assédio e estratégias de intervenção
    Normas para a equipe docente

Diante da ruptura das relações

Reconhecer o ciclo do conflito

A realidade cotidiana nos diz que o conflito é algo negativo e o associamos à violência, ao perigo. Nossa primeira reação diante do conflito é afastar-nos. No entanto, por mais que queiramos levar uma vida pacífica, o conflito está ligado ao nosso desenvolvimento como seres sociais; é parte inseparável das relações humanas.

Nos adolescentes, o conflito pode surgir pelas relações:

- *Pessoais*: consigo mesmo, por seu autoconceito e autoestima.
- *Interpessoais*: com os colegas e com os adultos.
- *Com os conteúdos de aprendizagem*, pela falta de interesse pelo que está aprendendo.

Os professores tentam transmitir aos alunos valores de solidariedade, justiça, respeito e convivência pacífica, buscando ferramentas para isso, mas não se costuma colocar que o conflito é uma oportunidade de intervenção no âmbito educativo.

Quando estamos imersos num conflito, vemos seus sintomas e o consideramos como um fato isolado, quando, na verdade, está relacionado com outros problemas. Como não se pode entender o conflito olhando a situação problemática sem procurar compreender suas causas, seu desenvolvimento e consequências, devemos falar de *processo do conflito*.

Às vezes, ao tentar resolver o conflito, entramos numa espiral que é preciso quebrar. Todas as medidas que levam ao castigo sem dar espaço ao diálogo reforçam o ciclo e a espiral desse conflito. O diálogo proporciona tempo para que as partes se tranquilizem, acalma os ânimos e faz com que se possam entender as razões que motivaram um comportamento, sem buscar culpados. Dessa forma, produz-se um diálogo educativo.

É uma ideia muito consolidada e certa que, se não respondemos rapidamente diante de um conflito, as medidas que se tomem para resolvê-lo não serão eficazes; não podemos deixar passar muito tempo, mas também não podemos agir, de imediato, com a resposta menos adequada. Intervir rapidamente supõe ter a medida disciplinar adequada para abolir um comportamento, e isto exige uma reflexão que geralmente não se resolve com a aplicação imediata do regulamento.

Um fator decisivo para o fracasso na solução de conflitos é o bloqueio da comunicação, a falta de diálogo ao usar uma comunicação agressiva, em menor medida um estilo passivo e, quase nunca, um estilo assertivo, que são as três maneiras de nos relacionarmos. A melhor resposta é a assertiva, responder rapidamente, e, para isso, necessitamos de algumas habilidades sociais que precisamos pôr em prática assiduamente, até que se transformem em hábito para nós. Muitas vezes pensamos que são os alunos que têm que aprender habilidades sociais, mas talvez eles não o aprendam se não formos capazes de vivê-las.

CÍRCULO DO CONFLITO

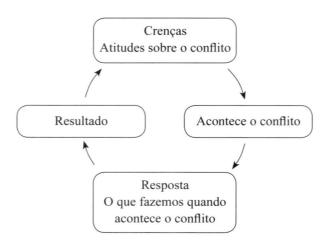

Observação do comportamento dos professores

Para trabalhar as habilidades sociais, o professor deve observar e mudar suas próprias respostas. Às vezes, os problemas crescem quando se considera a atitude do aluno como uma ofensa pessoal, ou quando não se tem a resposta adequada para o problema apresentado. Daí a necessidade de identificar seu próprio comportamento para corrigi-lo, se não for educativo, e "treinar-se" nas respostas que possam ser mais acertadas até que cheguem a ser um hábito ou um modo ordinário de proceder.

Responder aos desafios dos alunos de modo inflexível, buscando insistentemente os culpados ou enfadando-se constantemente por seu comportamento, não faz senão piorar a situação, estabelecendo distâncias e dificultando o diálogo.

O educador é para o aluno um referencial adulto muito importante. Seus comportamentos são observados e tomados como modelo em muitas ocasiões. Portanto, importa muito que tome consciência de suas reações, de sua atitude perante o conflito e de seu modo de responder diante dele para saber o que deve e o que não deve fazer quando tem que enfrentar situações hostis.

Com muita frequência, diante de um aluno pouco disciplinado e pouco respeitoso com a autoridade, o professor que carece de estratégias lhe diz: "Não se pode permitir isso. Entenda-se com o coordenador", e com isto perde autoridade ao deixar que outro solucione o problema. Também se pode recriminar e culpar: "Sou um desastre. Não sei o que fazer, nem como, para que os alunos me respeitem". Toma como ofensa pessoal a forma de proceder do aluno e se "prende" a seu comportamento, respondendo num tom de reprovação, procurando que mude sua atitude. Isso exige que se situe o problema onde está – no próprio aluno –, sem se deixar ferir pela situação, uma vez que com isso estaríamos assumindo seu problema.

Para serem eficazes na tarefa de educador e poderem ajudar os alunos que têm problemas ou que carecem de referenciais adultos na própria família, cujos comportamentos são reflexos do que vivem em seu próprio contexto, os professores devem apresentar comportamentos alternativos.

Algumas habilidades sociais que o educador e o professor devem colocar em prática são:[1] escutar ativamente e criar empatia, enviar mensagens positivas e recompensadoras, ajudar a pensar, chegar a acordos parciais e utilizar a técnica da repetição[2], dar informação útil e enfrentar a hostilidade. Estas habilidades precisam de planejamento porque não podem estar à mercê da improvisação. É preciso aprender a selecioná-las em função das exigências específicas de cada situação e treinar-se em sua utilização até que se transformem em respostas espontâneas em situações de objeção, crítica, desânimo ou conflitos.

A seguir, são oferecidas algumas normas de observação, inspiradas nas habilidades sociais descritas, para analisar os comportamentos de conflito à luz dessas habilidades. Ao mesmo tempo em que o professor desenvolve suas habilidades sociais ou as revisa para que suas palavras e seus comportamentos sejam coerentes, poderá trabalhá-las com o aluno através de um programa adaptado. É possível também apoiar a formação na mediação tanto dos professores como dos alunos para favorecer e aumentar a capacidade de diálogo.

Modelos para a observação de habilidades sociais		
Guia de informação da situação de escuta		
1. Atitude de quem escuta	Sim	Não
Coloca-se como se somente existisse seu interlocutor?		
Pede-lhe informação?		
2. Observação para o interlocutor		
Identifica o conteúdo das expressões verbais devolvendo-lhe ou fazendo-se de espelho?		
Observa e lhe devolve os sentimentos que lhe produz?		
Mantém contato visual com a pessoa e adota uma expressão facial adaptada à situação?		
Assume uma postura ativa diante do interlocutor? "Continue, continue...". Então...		
3. Com as palavras		
Manifesta cumplicidade: que bom, que sorte, quero ser como você...?		
Dá incentivos verbais para quem fala: "certo", "sim, sim..."?		
Parafraseia: "quer dizer que...", ou utiliza expressões de resumo: "Pelo que você fala...", "Se não o entendi mal..."?		
Pronuncia expressões de reflexo ou empatia: "Eu me encarrego"... "Estou escutando e observo você..."?		

---

[1] Cf. COSTA, M.; LÓPEZ, E. *Manual del Educador Social. Afrontando situaciones*. Ministerio de Asuntos Sociales. São citadas estratégias que ajudam a enfrentar a irritação ou a hostilidade. Oferece pistas para enfrentar estrategicamente as relações, instrumentos que o professor tem em suas mãos.

[2] Repetir com tranquilidade e sempre da mesma forma o ponto de vista pessoal, ignorando interrupções ou provocações que possam surgir por parte do interlocutor.

4. Com os gestos e o corpo

Adota comportamentos verbais semelhantes aos do interlocutor?		
Mantém contato visual e adota uma expressão facial apropriada aos sentimentos que o interlocutor transmite?		

5. Evitando fazer algumas coisas enquanto escuta

Interrompe quem está falando?		
Faz juízos de valor?		
Oferece ajuda ou soluções prematuras: "O que tem que fazer... eu ajudo você..."?		
Despreza o que a outra pessoa está sentindo?		
Conta a própria história enquanto a outra pessoa está relatando a sua?		
Se a pessoa diz "sinto-me mal", o interlocutor diz "e eu também"?		
Coloca-se como especialista: "O que você tem que fazer é..."?		

"Enviar mensagens eu"

Descrevo brevemente a situação e o comportamento que me incomoda ou me cria problemas.		
Dou informação concreta sobre aquilo que pode estar causando problema.		
Descrevo as consequências ou efeitos tangíveis dos comportamentos.		
Expresso os sentimentos que me produz.		

Guia de observação "resumir"

1. Externo uma expressão de resumo:
- "Se não entendi mal...".
- "Ou seja, o que você está me dizendo é...".
- "Se entendi bem, você está me dizendo".

2. Peço ao interlocutor que confirme ou expresse o desacordo:
- Está certo...?
- Estou entendendo bem...?
- Estou enganado...?

3. Escuto ativamente a resposta do meu interlocutor.

Ser positivo e recompensador		
1. Administro uma resposta recompensadora depois de um comportamento desejado.		
2. Reconheço nas pessoas algum aspecto positivo e faço elogio honesto: – Descubro comportamentos que merecem recompensa. – Busco o momento adequado para comunicá-lo. – Expresso o que me agrada no outro, utilizando palavras positivas. – Lembro o nome do meu interlocutor e o utilizo. – Expresso o elogio com sinceridade e honestidade, com palavras e com o corpo. – Emito o elogio com alguma argumentação para que seja digno de crédito. – Digo concretamente o que desejo e o que não desejo recompensar. – Busco a oportunidade para o elogio. – Procuro que seja imediato e no momento oportuno. – Não exagero.		
Ajudar a pensar		
1. Utilizar os acordos parciais e a técnica da repetição para ajudar a pensar. "É possível que seja como você diz... Mas, quando você age desse modo, eu me sinto...".		
2. Propor questões orientadas, perguntando pela natureza da tarefa ou situação: "O que aconteceu? O que você fez? O que o outro fez? Quem estava ou estará quando...? Onde? Quando?".		
3. Propor questões orientadas perguntando pelas consequências do próprio comportamento: "O que aconteceu quando você...? O que aconteceria se...? Considere o que, efetivamente, você faz ou diz, o que aconteceria, o que poderia acontecer? E se você não fizer? E se tivesse dito ou feito?".		
4. Propor questões orientadas para identificar os objetivos: "Por quê? O que você pretende? Para quê? O que lhe interessa? Logo? A médio prazo?".		
5. Propor questões orientadas para identificar as regras de uma situação e valorizar a validade dos objetivos: "Segundo você, o que deveria ser feito ou dito em...? O que seria mais apropriado? Por que você pensa que nessa situação deveria ser feito ou dito...? Na situação... o que você pensa que conviria fazer ou dizer?".		
6. Propor questões orientadas para identificar incoerências ou contradições entre ações e objetivos e dos objetivos entre si: "Bem, você pretende... fazendo ou dizendo... você conseguirá? Não estou dizendo que não deve fazer, por mim pode fazer. Mas, fazendo ou dizendo... você consegue?". "Você pretende, em primeiro lugar... Também você deseja..., por outro lado quer... Se consegue o primeiro, você acredita que poderá obter êxito?"		

Acordo parcial e técnica da repetição		
1. Sou capaz de reconhecer um equívoco e continuar propondo aquilo que acredito que deve ser feito... Talvez não tenha me expressado bem quando disse... Apesar de tudo,... (insistir naquilo que se quer saber adiante).		
2. Reconheço o lado verdadeiro numa proposta de alguém e, ao mesmo tempo, volto a recordar o que a pessoa deveria fazer...		
Dar informação útil		
1. Rastreio, no comportamento e no desempenho de tarefas, os indicadores de sucesso e de resultado positivo.		
2. Expresso o reconhecimento e a informação positiva com mensagens consistentes, acompanhando o reconhecimento verbal de expressões não verbais.		
3. Dou pistas, explicações, informo sobre ações concretas que o outro realiza corretamente: "Deu certo porque você fez isso...".		
4. No caso de erro, dou pistas concretas ou opções positivas de como melhorar.		
5. Utilizo frases positivas para estimular a mudança.		

Recursos e protocolos quando se detecta o assédio

> *Quando menina, era uma maravilha ir à escola, os professores diziam que era muito boa nos estudos e também muito interessada, mas depois tudo mudou. Aos dez anos, comecei a receber os primeiros insultos por parte de meus colegas; permaneceram me insultando durante quase três anos, sem que ninguém fizesse nada para evitar.*
>
> *Tudo isso me levou a cair na anorexia. Comecei a emagrecer e me internaram. Fiz dietas e não podia sair de casa. Assim, durante muitos anos, tive depressões e fui medicada. Perdi todos os meus amigos e me fechei em mim mesma. Aos quatorze anos, não aguentei mais e tentei suicidar-me, fiquei internada... Não pude terminar os estudos por estes motivos.*
>
> *Agora me encontro muito melhor, tenho amigos, estou há nove meses com um menino e estou tentando ter uma profissão.*

Assim contava uma adolescente, numa carta à sua professora, o calvário que a fez passar o assédio a que foi submetida, chegando a deteriorar sua saúde e seu estado emocional e, como consequência, sua capacidade para poder se relacionar normalmente. No entanto, pôde ir adiante uma vez que teve o apoio de sua família. Veladamente insinua que o contexto escolar esteve à margem de sua situação, como acontece em algumas ocasiões.

Mas nem sempre a escola se inibe ou considera coisa de crianças a marginalização de um aluno, os insultos ou a ruptura de relações. Quando uma escola entende que o mais importante no processo educativo de um aluno é seu crescimento pessoal, que inclui identidade e relações como objetivos curriculares, é muito provável que os professores não somente sejam sensíveis a tudo o que acontece ao aluno e criem espaços de relação entre eles e que atuem com prevenção, mas estabeleçam relações professor-aluno que tornem possível a proximidade e que situem o educador como pessoa a quem se pode recorrer quando aparecem o conflito, as brigas e o assédio.

A escola que sabe que o assédio e a violência podem aparecer em qualquer momento, apesar de não querer, tem modos de saber o que acontece e de reagir rapidamente tomando medidas a partir do próprio espaço escolar. Logo virão outras medidas, se for preciso, mas a primeira ação é a da escola.

Ações do orientador educacional

Se um professor identificar uma situação de provável assédio, porque encontra determinados indícios ou lhe contam algum fato que pode ser reconhecido como tal:

1. Deverá imediatamente agir, falando com o orientador, com o coordenador pedagógico e com o diretor.

    – Se o assédio acontecer fora do âmbito escolar, chamará as famílias implicadas para que averiguem seu filho. Se isso não for possível, cuidará do aluno, buscando a melhor solução.

    – Se souber onde acontece o assédio, só sua presença no lugar dos fatos deve ser capaz de terminar com ele; identificar a vítima, o agressor e o maior número de espectadores – observadores – possível.

2. Identificará o problema e convocará as partes interessadas para realizar entrevistas específicas com a vítima, com o agressor e com os possíveis observadores.

3. Dialogará com as famílias para lhes levar o conhecimento dos fatos e estabelecer norma de ação.

4. Reunir-se-á com a equipe docente para passar a informação necessária e pedir sua implicação, bem como para entrar em acordo sobre normas de ação conjunta.

5. Estabelecerá as sanções pertinentes ou as ações compensatórias coerentes com a situação criada.

6. Levará o tema até ao final, sem deixá-lo pela metade ou dá-lo por terminado, forçando uma relação vítima-agressor.

Ações da escola

1. Os professores deverão estar presentes nos recreios, nos corredores e nos lugares comuns, observando ou dialogando com os alunos.

2. Os professores deverão informar, diante do primeiro comentário feito pelos alunos, sobre a possibilidade de um assédio para identificar pessoas, lugares e momentos, tanto se acontecer dentro do âmbito da escola como se ocorrer fora do espaço da sala de aula e da escola.

3. Criar estruturas de participação em que os alunos possam se integrar através de encontros para discussões e debates.

4. Realizar projetos interculturais e ambientais, com a participação dos alunos.

5. Projetar oficinas e seminários para o diálogo e o debate dentro da escola, assim como atividades comuns como uma revista, esportes, teatro etc.

6. Preparar atividades que ponham em relação todos os alunos da escola dentro de um clima de convivência agradável.

7. Criar um comitê que trabalhe o tema da inter-relação, os valores e, concretamente, o tema do assédio.

8. Preparar um protocolo de ação comum dos professores.

9. Tratar o tema do assédio nos espaços de reflexão comum dos professores: equipes docentes, comissão de coordenação pedagógica, conselho escolar, conferências, para saber identificar o assédio, conhecer instrumentos de detecção e não permitir nenhum tipo de tratamento vexatório entre os alunos.

10. Formar os professores e os alunos na mediação dos conflitos e para serem animadores da convivência na escola.

A rejeição do professor a uma atitude de assédio e o apoio que pode prestar ao restante dos alunos é uma ação que faz com que os alunos entendam que esse tipo de situações é intolerável e que devem denunciá-las quando as perceberem, uma vez que tais situações ferem direitos elementares da pessoa.

Ações na sala de aula

1. Os professores deverão estar atentos às relações que se estabelecem dentro da sala de aula e identificarão os alunos que se sintam mais isolados, os líderes positivos e negativos, as redes que se formam, e as invejas e rivalidades que possam acabar em situações de assédio. Podem servir de instrumentos: o sociograma,[3] a entrevista e o diálogo em grupo.

2. Tratarão de forma explícita com os alunos o tema do assédio, introduzindo programas de orientação ou o diálogo na sala de aula onde acontece esse tipo de comportamentos.

3. Proporão uma metodologia experimental da disciplina curricular que lecionam para fomentar a participação ativa e o trabalho entre colegas como atividades cooperativas ou os grupos interativos.[4]

4. Distribuirão responsabilidades da sala de aula.

5. Planejarão uma avaliação inicial e um acompanhamento dos alunos em que possam comprovar que na sala de aula há lugar para todos.

---

[3] Um diagrama que mapeia graficamente as interações preferidas, obtidas através de entrevistas e questionários.

[4] Em torno da metodologia para facilitar o trabalho entre colegas e a cooperação, cf. BLANCHARD, M.; MUZÁS, M. D. *Propostas metodológicas para professores reflexivos*. São Paulo: Paulinas, 2008.

6. Conhecerão os valores, interesses e motivações dos alunos, sublinhando as capacidades de cada um.

Algumas vezes, os professores se inteiram de que existe uma situação de assédio; outras é a coordenação pedagógica ou a orientação educacional que recebe a confidência de algum aluno (situação na qual sempre deverá ser preservada a confidencialidade). Nesse caso, de acordo com os dados disponíveis, convém proceder com rapidez e discrição para conhecer a veracidade da notícia. Se a informação chegar no momento em que está acontecendo, a simples presença do adulto com sua autoridade deverá ser capaz de deter o assédio.

Guias para a intervenção

A seguir, são apresentados quatro modelos de entrevista familiar, com a vítima, com o agressor e com o observador, que podem ser utilizados nos casos oportunos.

Modelo de entrevista familiar
Dados do contexto familiar
Nome do pai:
Nome da mãe:
Nome do familiar que se apresentou para a entrevista:
Nome do aluno:
☐ Suposta vítima   ☐ Suposto agressor   ☐ Suposto observador
Data:
Relato dos fatos
Relato dos fatos por parte da família:
Relato dos fatos por parte do diretor da escola:
Plano de ação
Por parte da família:
Por parte da escola:
Com a vítima:
Com o agressor:

Modelo de entrevista com a vítima
Dados pessoais
Nome do aluno: Ano escolar: Data:
Dados da entrevista
Como você se sente na classe? Quem são seus amigos? Há alguma situação que você mudaria na classe? Há alguma situação que o preocupa? A quem você recorreria diante de uma situação de assédio por algum companheiro? Você tem medo de algum companheiro de classe ou da escola? Que tipo de maus-tratos entre colegas você conhece? Sentiu-se alguma vez maltratado por alguém? Como você mudaria essa situação?

Modelo de entrevista com o agressor
Dados pessoais
Nome do aluno: Ano escolar: Data:
Dados da entrevista
Como se sente na classe? Quem são seus amigos? Há alguma situação que mudaria na classe? Você acredita que nesta escola esteja acontecendo alguma situação de maus-tratos com algum companheiro? Que tipo de maus-tratos entre colegas você conhece? Você ameaçou, insultou, bateu em algum companheiro? Acha que esse comportamento é o mais adequado? Como acha que deve reparar o dano causado? O que posso fazer para ajudar você a pôr um fim nessa situação?

Modelo de entrevista com o observador
Dados pessoais
Nome do aluno:
Ano escolar: Data:
Dados da entrevista
Como você se sente na classe?   Quem são seus amigos?   Há alguma situação que mudaria na classe?   Acha que nesta escola esteja acontecendo alguma situação de maus-tratos com algum companheiro?   Que tipo de maus-tratos entre colegas você conhece?   Você viu alguém, em alguma ocasião, insultar, bater, ameaçar algum companheiro?   Acha que esse seu comportamento é o mais adequado?   A quem deve contar esse tipo de situação e como acha que deve agir a partir de agora?   O que posso fazer para ajudar você a pôr um fim nessa situação?

Análise de casos de assédio e estratégias de intervenção

Apresentamos dois exemplos de assédio (o caso de Alba e Mônica e o caso de um aluno brilhante) e as estratégias que foram seguidas para sua solução. Em ambos os casos, trata-se de alunos do Ensino Fundamental.

O caso de Alba e Mônica

Numa escola de periferia de uma cidade, no mês de junho, o grupo de professores do 8º ano está realizando um seminário sobre valores, coordenado pela orientadora, para depois trabalhá-lo com os alunos na sala de aula. Começa a reunião tratando o tema do respeito entre colegas para chegar a elaborar uma unidade didática. Um dos professores (novo na escola) se atrasa. Desde o início, parece visivelmente preocupado e a reunião começa com ele expondo seu problema aos outros: os pais de uma aluna chegaram à escola para informá-lo sobre as dificuldades que a filha, Alba, de quinze anos, está vivendo. Foi ameaçada por outra aluna também de quinze anos, da qual só sabem o nome.

O professor pergunta a seus companheiros quem é essa "X", porque não tem direito de ameaçar a colega de classe, fazendo-a sofrer. Acha que essa situação deveria ser resolvida com uma punição. Embora ele não seja partidário desse ato, pede ao grupo que lhe dê uma solução. O grupo do seminário decide falar sobre o caso, colocando sobre a mesa os dados que uns e outros têm através de entrevistas e documentação sobre as protagonistas do caso.

Antecedentes

A aluna ameaçada, Alba, é filha somente da mulher do casal que foi falar com o professor. Por sua vez, ele, o marido, tem dois filhos. Um menino, Felipe, de dez anos, e uma menina, Mônica, de quinze anos, que viveram com eles durante vários anos. As duas meninas – Alba, filha dela, e Mônica, filha dele – estão matriculadas no mesmo ano, embora em classes diferentes.

Mônica levou uma surra no mês de abril do ano anterior (faz oito meses) da companheira de seu pai. Então, apareceu a mãe biológica de Felipe e Mônica, contando que a menina esteve no hospital pela razão exposta. Ela, que estava trabalhando longe dali, voltou imediatamente para cuidar de sua filha. Por causa da separação, tiraram-lhe os filhos, que foram viver com o pai, situação na qual não se toca, mas que ela manifesta ter sido uma irregularidade.

Depois dessa surra, que foi denunciada quando os médicos observaram que a adolescente tinha marcas no corpo e uma situação de desequilíbrio emocional, Mônica foi viver com os tios até que a mãe deixasse o trabalho e resolvesse sua moradia na cidade, uma vez que a assistente social dizia que tinha que estar com sua filha, ou vivendo na cidade ou, então, teria que levar a filha para a cidade onde trabalhava.

Antes da surra, os orientadores pedagógicos informaram à assistente social que a menina estava se comportando grosseiramente, que era mal-educada e estava faltando às aulas. Era considerada uma menina pouco recomendável, com a qual se devia agir de forma contundente porque era melhor cortar-lhe as asas logo. Não houve tempo para um diálogo, pois se desencadearam os fatos relatados.

No entanto, uma entrevista com Mônica, depois que se recuperou, revelou uma adolescente carinhosa com as crianças, com caráter, com capacidade para analisar o que havia vivido e para comunicar seus medos diante do que seu irmão podia estar vivendo, dando pistas para pensar que suas reações tinham a ver com a situação que vivia na casa de seu pai e com a companheira atual deste.

No mês da entrevista com a mãe, esta voltou para dizer que a menina havia declarado que tinha câncer, começando um processo médico com seus altos e baixos, com suas esperanças... Mônica deixou de frequentar as aulas, embora às vezes voltasse à escola para falar com a orientadora, visitar seus companheiros e professores etc. Nas entrevistas, expressava sua ideia de que o câncer tinha a ver com a situação de estresse e sofrimento que tinha vivido em sua casa. Também sua mãe pensava assim e, inclusive, uma pessoa do setor médico.

Meses depois, essa ideia circulou entre seus companheiros, que começaram uma cruzada particular: tinham que vingar sua amiga na pessoa de Alba, a filha da companheira sentimental de seu pai. Começaram, assim, as ameaças à menina. Dolores se constituiu líder de um grupo que se organizou na escola para vingar Mônica. Quase ao mesmo tempo, forma-se outro grupo em torno de Alba para defendê-la e, em algum momento, ambos os grupos se provocam para uma briga/confronto.

Intervenção

A realização de diálogos com todas as partes e o chamado dos adultos à sensatez, a fim de que não enviassem para suas filhas mensagens contra a outra parte, foram determinantes e fizeram com que as águas voltassem progressivamente ao seu leito. A intervenção durou mais de um trimestre. A complexidade do tema desencadeou os assédios de uns e de outros.

Era preciso esclarecer e ajudar a raciocinar mediante um diálogo esclarecedor, que não procurasse culpados, mas fizesse com que os ânimos se tranquilizassem e aprendessem outras formas de solucionar os problemas.

Dialogou-se com Dolores, com Alba e com Mônica separadamente para que elas mesmas definissem seu papel nesse assunto, pois Alba era agressora de Mônica e, ao mesmo tempo, vítima de Dolores. Mônica era vítima de maus-tratos da companheira de seu pai e, quando contou sua história às suas companheiras, incitara Dolores para que assediasse Alba. Essas conversas foram realizadas pelos professores e pela orientadora.

Conversou-se com o pai de Mônica e com a mãe de Alba juntos (em três ocasiões) para situar a problemática num contexto mais amplo, que tinha a ver com o fato de Mônica morar com eles (situação que eles não haviam contado). Tentava-se conhecer a versão deles e estabelecer linhas de comportamento. Eles apresentaram dados do comportamento de Mônica e trouxeram conversas telefônicas gravadas.

Identificou-se a cadeia de maus-tratos na qual eles também eram agressores. Foram aconselhados a realizar uma terapia familiar, sendo encaminhados a um profissional.

Dialogou-se com a mãe de Mônica (cinco entrevistas) para conhecer sua versão dos fatos e pensar respostas para os novos problemas que haviam sido criados, vendo-se a necessidade de que ambas – mãe e filha – consultassem um psicólogo e buscassem profissionais que apoiassem a menina em seus estudos. Os responsáveis desses diálogos foram o coordenador pedagógico, os professores e a orientadora.

Manteve-se relação com outros profissionais: com a psicóloga de Mônica, que faz uma terapia com ela no hospital; com os profissionais da ala hospitalar; com o centro de acolhida de Dolores, onde está desde que a assistência social a tirou de sua mãe; com a psicóloga de Dolores, para conhecer seu processo e integrar esse comportamento de assédio em sua terapia. Os responsáveis: a orientadora, o coordenador e os professores das disciplinas.

Também se manteve contato com as duas meninas, ao mesmo tempo, Dolores e Alba, para que pudessem não só dialogar entre si – com uma pessoa que mediou e esclareceu o problema e as razões que Dolores tinha para se vingar –, como também dialogar sobre o que Alba vivia. Busca conjunta de soluções e novo modo de se situar uma diante da outra. Os responsáveis são os professores e a orientadora, que fizeram a preparação da entrevista.

E ainda foi mantida relação com a equipe educativa dos dois grupos, para tomar conhecimento do problema e programar linhas de comportamento para os professores. O responsável é o orientador que coordena a reunião; estão presentes os coordenadores pedagógicos e a direção escolar.

Um aluno brilhante

Trata-se de um aluno brilhante em suas produções artísticas de classe, um bom estudante e com um bom físico. Atualmente, está no primeiro ano do ensino profissionalizante e fez exposições importantes de pintura.

> *O problema aconteceu no 9º ano, quando algumas alunas começaram a assediar o aluno com comportamentos tais como fazer ligações telefônicas anônimas, tocar a campainha de sua casa e desaparecer, enviar-lhe mensagens grosseiras... comportamentos que não chegaram a ultrapassar os muros da escola.*
>
> *O rapaz, habitualmente, não se relacionava muito. Na sala de aula, tinha um comportamento exemplar e era muito responsável em seu trabalho. Aparentemente, não acontecia nenhum conflito dentro da sala, até que, um dia, criou-se uma situação que, posteriormente, se soube que tinha sido um comportamento quase diário.*
>
> *O grupo de alunas que lhe mandava mensagens, fazia ligações etc., se colocou contra ele e seu trabalho, falando entre elas suficientemente alto para que ele entendesse. Isto provocou nele uma reação de perda de controle, atirando uma lata de tinta que tinha na mão, que por azar atingiu uma dessas alunas. Não a feriu, mas elas provocaram um grande escândalo no intuito de culpá-lo. Ele pediu desculpas e se mostrou arrependido.*
>
> *Posteriormente, a mãe da agredida foi à escola dizendo que ia denunciar o colega, e que a escola não podia ficar indiferente. A mãe, sindicalista ativa, liberada pelo sindicato e conhecedora dos temas legais sobre educação, solicitou que o aluno fosse expulso da escola.*

Intervenção

- O orientador falou com o aluno; em seguida, o pai do aluno relata o assédio ao qual seu filho foi submetido.
- Seguiu-se todo um processo de diálogos para identificar a verdade, até a dedução de que o rapaz contava a verdade. O orientador fez as entrevistas com o menino e com as meninas, até identificar o que realmente acontecera.
- A mãe da menina agredida enviou por escrito o seu pedido e foi falar com o orientador, com o coordenador pedagógico e com o diretor.
- Reunido o conselho escolar, foi-lhe entregue o escrito da mãe no qual ameaçava fazer uma denúncia no juizado.
- Foram convidados a participar dessa comissão o aluno e o pai. Ambos foram ouvidos. O conselho escolar, com o orientador e o coordenador, analisou os fatos e decidiu levar ao conhecimento dos alunos e da mãe a situação criada pelas meninas. Embora, em princípio, as meninas apresentassem dificuldade para admitir os fatos, a mãe chegou a reconhecer a tensão que tinham provocado.
- Posteriormente, foi feita uma entrevista com a mãe e com as meninas, as quais admitiram, embora com dificuldade, que haviam pressionado o rapaz, até este reagir como o fez.

Deve-se sublinhar a clareza que houve no tratamento do problema com todas as partes, deixando patente que, cedo ou tarde, os problemas vêm à luz. Evitou-se que tivesse vencedores e vencidos, de forma que todos assumissem sua parte de responsabilidade.

A insistência do orientador e do coordenador em defender seus alunos, que acabou sendo um elemento fundamental, ajudou a pensar num tratamento do problema que ajudasse as partes.

No final, pensou-se numa punição menor para o menino por ter atirado a lata de tinta; as meninas tiveram que esclarecer o problema criado ao seu colega e pedir-lhe perdão, prometendo que não ia acontecer mais.

Normas para a equipe docente

Objetivo

Analisar a situação de assédio vivida num grupo e tomar decisões sobre o processo que deverá ser seguido até sua solução.

Reunião da equipe docente

- Relatar a situação de assédio segundo as diferentes versões que os professores têm, indicando a fonte da informação. Se possível, descrever por partes o acontecido.
- Identificar o agressor, a vítima e o observador. Quem está envolvido e que papel tem cada um?
- Como são as relações desses alunos com seus colegas numa aula normal?
- Que problemas sabemos ou intuímos sobre cada um dos intervenientes no conflito em seus contextos familiar e social?
- Processo que deve ser seguido com cada um deles:
  — Entrevista com a família.
  — Entrevistas com os serviços sociais. As relações de coordenação com esses serviços ajudam, em muitos casos, a situar o problema no contexto familiar.
  — Entrevistas e terapias para cada um dos implicados. Profissionais com os quais é preciso contatar. Essas entrevistas serão realizadas dependendo da evolução do caso.
- Processos na escola, dependendo da atitude dos alunos e da dificuldade para a solução do caso:
  — Tratamento do tema do assédio e/ou do fato concreto nos grupos de discussão.
  — Tratamento do tema do assédio e/ou do fato, concretamente, no conselho da escola.
  — Comunicação à diretoria de ensino.

É importante que cada escola elabore seu próprio protocolo, que deve ser conhecido por todos, para saber como agir no momento em que aparecer uma situação com essas características.

Bibliografía

ALEMANY, C. Ed. *Relatos para el crecimiento personal*. Bilbao: Desclée de Brouwer, 1996.

ÁLVAREZ HERNÁNDEZ, J. *Solución de conflictos en el aula 1 y 2*. Madrid: Ed. Escuela Española, 1998.

ALZATE SÁEZ DE HEREDIA, R. *Resolución del conflicto. Programa para Bachillerato y Educación Secundaria*. Bilbao: ICE Deusto, 1990.

ARCAS, M.; SEGURA, M. *Ser persona y relacionarse*. 3. ed. Madrid: Narcea, 2006.

_____. *Relacionarnos bien*. 5. ed. Madrid: Narcea, 2007.

ARRIETA, L.; MORESCO, M. *Educar desde el conflicto. Chicos que molestan*. Madrid: CCS, 1992.

BARBERÁ ALBALAT, V. *La responsabilidad: Cómo educar en la responsabilidad*. Madrid: Santillana, 2001.

BERKOWITZ, L. *Agresión. Causas, consecuencias y control*. Bilbao: Desclée de Brouwer, 1996.

BLANCHARD, M.; MUZÁS, M. D. *Plan de Acción Tutorial en Secundaria. Elaboración, desarrollo y materiales*. 2. ed. Madrid: Narcea, 1999.

_____. *Propuestas metodológicas para profesores reflexivos*. 2. ed. Madrid: Narcea, 2007.

BOURCET, S.; GAVILLON, I. *Mi hijo ha sido agredido*. Barcelona: De Vecchi, 2006.

BRANDONI, F. *Mediación escolar*. Buenos Aires: Paidós, 1999.

BRINGIOTI, M. I. *La escuela ante los niños maltratados*. Buenos Aires: Paidós, 2000.

BURGUET, M. *El educador como gestor de conflictos*. Bilbao: DDB, 1999.

BURNLEY, J. *Conflicto*. Madrid: Morata, 1993.

BRUNET, J. J.; NEGRO, J. L. *Tutoría para adolescentes*. Madrid: S. Pío X, 1984.

CASAMAYOR, G. (coord.). *Cómo dar respuesta a los conflictos. La disciplina en la enseñanza secundaria*. Barcelona: Grao, 1998.

CEREZO, F. (coord.). *Conductas agresivas en la edad escolar*. Madrid: Pirámide, 1998.

_____. *La violencia en las aulas. Análisis y propuestas de intervención*. Madrid: Pirámide, 2001.

COLECTIVO AMANI. *Educación intercultural. Análisis y resolución de Conflictos*. Madrid: Popular, 1996.

CORNELIUS, H.; FAIRE, S. *Tú ganas, yo gano. Cómo resolver conflictos creativamente*. Madrid: Gaia, 1998.

COSTA, M.; LÓPEZ, E. *Manual del Educador Social. Afrontando situaciones*. Madrid: Ministerio de Asuntos Sociales, 1991.

CURWIN, R. L.; MENDLER, A. N. *La disciplina en clase. Organización del centro y del aula*. Madrid: Narcea, 1987.

DÍAZ AGUADO, M. J. *Programa para favorecer la tolerancia en contextos étnicamente heterogéneos*. Madrid: MEC, 1997.

_____. *Programas de educación para la tolerancia y prevención de la violencia en los jóvenes*. Madrid: Ministerio de Trabajo y Asuntos Sociales, 1997.

DOMÍNGUEZ, T. et al. *Comportamientos no violentos. Propuestas interdisciplinares para construir la paz*. Madrid: Narcea, 1996.

FERNÁNDEZ, I. *Violencia en la escuela y en el entorno social. Una aproximación didáctica*. Madrid: CEP de Villaverde, 1991.

_____. *Prevención de la violencia y resolución de conflictos*. 5. ed. Madrid: Narcea, 2005.

_____. (Coord.) *Guía para la convivencia en el aula*. Madrid: Escuela Española, 2001.

HERAS, J. DE LAS. *Rebeldes con causa. Los misterios de la infancia*. Madrid: Espasa Hoy, 1999.

JAREZ, X. R. *Aprender a convivir*. Vigo: Xerais, 2001.

MARTÍN MEDEM, J. M. *La guerra contra los niños*. Barcelona, El Viejo Topo, 1998.

MELERO MARTÍN, J. *Conflictividad y violencia en los centros*. Madrid: Siglo XXI, 1993.

MILLER, A. *Por tu propio bien: raíces de la violencia en la educación del niño*. Barcelona: Tusquets, 1985.

MUZÁS, D.; BLANCHARD, M.; SANDÍN, T. *Adaptación del currículo al contexto de Centro y de aula*. Madrid: Narcea, 2004.

MUZÁS RUBIO, E. *La prevención de los malos tratos*. Madri: Crítica, 1997.

_____. *El papel de la escuela ante los malos tratos*. Vitoria: Jakingarriak, 1997.

_____. *Malos tratos. Materiales y bibliografía*. Vitoria: Jakingarriak, 1997.

_____. El papel de la escuela ante los malos tratos infantiles y la responsabilidad de los profesionales de la intervención social. *V Congreso Estatal sobre infancia Maltratada. Calidad y eficacia como metas*. ADIMA, 1999.

_____ et al. *Sistema de evaluación de menores en acogimiento residencial y régimen de atención diurna*. Ayuntamiento de Vitoria, 2002.

_____ et al. *La atención residencial del Ayuntamiento de Vitoria. Gasteiz a la infancia de especial protección*. Ayuntamiento de Vitoria, 2002.

_____. *La atención a la infancia de especial protección desde los Hogares y Centros de día municipales desde un modelo de gestión indirecta*. Gizaberri, 2004.

Olweus, D. *Conductas de acoso y amenaza entre escolares*. Madrid: Morata, 1998.

Ortega, P.; Minguez, R.; Gil, R. *La tolerancia en la escuela*. Barcelona, Ariel, 1996.

Ortega Ruiz et al. *La convivencia escolar. Qué es y cómo abordarla*. Consejería de Educación y Ciencia, Junta de Andalucía, 1998.

Ortega, R. *Educar la convivencia para prevenir la violencia*. Madrid: Antonio Machado Libros, 2000.

_____; Mora-Merchán, J. A. *Violencia escolar: Mito o realidad*. Sevilla: Mergablum, 2000.

Ovejero, A. *El individuo en la masa: Psicología del comportamiento colectivo*. Oviedo: A. Nobel, 1997.

_____. *Psicología social de la educación*. Barcelona: Herder, 1998.

_____. *Las relaciones humanas. Psicología social teórica y aplicada*. Madrid, Biblioteca Nueva, 1998.

Perona Mata, C. *La responsabilidad jurídica en los centros de enseñanza públicos y privados*. Germania, 2006.

Porro, B. *La resolución de conflictos en el aula*. Buenos Aires: Paidós Educador, 1999.

Rodríguez López, P. *Acoso escolar desde el mal llamado bullying hasta el acoso al profesorado. Especial análisis de la reparación del daño*. Barcelona: Atelier, 2006.

Sanmartín, J. *Violencia, TV y cine*. Barcelona: Ariel, 1998.

Seminario de Educación para la paz de la A. P. D. H. *Alternativa el juego. Juegos y dinámicas de educación para la paz*.

Serrano, A. *Acoso y violencia en la escuela. Cómo detectar, prevenir y resolver el bullying*. Barcelona: Ariel, 2006.

Serrano, I. *Agresividad infantil*. Madrid: Pirámide, 1996.

Torrego, J. C. *Mediación de conflictos en instituciones educativas. Manual para la formación de mediadores*. 5. ed. Madrid: Narcea, 2007.

Train, A. *Agresividad en niños y niñas. Ayudas, tratamiento, apoyos en la familia y en la escuela*. 2. ed. Madrid: Narcea, 2004.

Trianes Torres, M. V. *La violencia en contextos escolares*. Málaga: Aljibe, 2000.

_____. *Estrés en la infancia. Su prevención y tratamiento*. 3. ed. Madrid: Narcea, 2003.

_____; Fernández-Figares, C. *Aprender a ser personas y a convivir*. Bilbao: Desclée de Brouwer, 2001.

Tuvilla Rayo, J. *La escuela: Instrumento de paz y solidaridad*. Sevilla: MECP, 1994. (Colección Cuadernos de Cooperación Educativa.)

UNESCO. *La educación encierra un tesoro*. Madrid: Santillana, 1996.

Valles Arándiga, A.; Vallés Tortosa, C. *Programa de solución de conflictos interpersonales*. Madrid: Instituto de Orientación Psicológica EOS, 1997.

Valverde, J. *El proceso de inadaptación social*. Madrid: Popular, 1998.

VV. AA. *Un día más: Materiales didácticos para la educación de valores en la E.S.O*. Madrid: Defensor del Menor, 1998.

Algumas publicações sobre o assunto no Brasil

BEAUDOIN, Marie-Nathalie; TAYLOR Maureen. *Bullying e desrespeito*: como acabar com essa cultura na escola. Porto Alegre: Artmed, 2006.

CHALITA, Gabriel. *Pedagogia da amizade*: Bullying – o sofrimento das vítimas e dos agressores. São Paulo: Gente, 2008.

CONSTANTINI, Alessandro. *Bullying, como combatê-lo?* São Paulo: Itália Nova, 2004.

CURY, A. J. *Pais brilhantes, professores fascinantes*. Rio de Janeiro: Sextante, 2003.

FANTE, Cleo. *Fenômeno Bullying:* como prevenir a violência nas escolas e educar para a paz. 2. ed. rev. Campinas, SP: Verus, 2005.

MALDONADO, Maria Tereza. *A face oculta*: uma história de *bullying* e *cyberbullying*. São Paulo: Saraiva, 2009.

SILVA, Ana Beatriz Barbosa. *Bullying*: mentes perigosas na escola. Rio de Janeiro: Fontanar, 2001.

TIBA, Içami. *Quem ama, educa!* São Paulo: Gente, 2002.

Endereços eletrônicos

<http://www.bullying.org>

<http://www.revistaescola.abril.com.br>

<http://www.aprendersemmedo.org.br>

<http://www.eduquenet.net>

<http://www.criancamaissegura.com.br>

Para mais informações: Abrapia – Associação Brasileira Multiprofissional de Proteção à Infância e à Adolescência. Disponível em: <http://abrapia.org.br>.

Impresso na gráfica da
Pia Sociedade Filhas de São Paulo
Via Raposo Tavares, km 19,145
05577-300 - São Paulo, SP - Brasil - 2011